PREFACE.

THE following pages consist of a reprint of the Benedictine text of the Third Book of St. Irenaeus against Heresies, of a collation of the text with that contained in the Works of St. Irenaeus edited by the Rev. W. W. Harvey, M.A., of King's College, Cambridge, of a few notes, and of a glossary of some of the principal words used by St. Irenaeus in a different sense from the ordinary. The work has been undertaken for the convenience of students for the Theological School at Oxford, and does not pretend to any originality.

With regard to the life of St. Irenaeus little is known. He speaks little of himself. Only once in this Third Book does his personality appear; this is where he speaks of his own early reminiscences of St. Polycarp. Almost all that we know of him that can be relied upon is to be found in the Fifth Book of Eusebius' History. This amounts to little more than that he succeeded Pothinus as Bishop of Lyons A.D. 177, and that he wrote a letter to Victor, Bishop of Rome, about his conduct in the Easter Question. Eusebius cites this letter (v. 24), and also a letter of St. Irenaeus to Florinus (v. 20).

A far more difficult subject of study are the various Gnostic sects to which St. Irenaeus refers in this Book. He mentions them at greater length in his First Book, to which the student is occasionally directed in the foot-notes. The best authorities on the subject are Massuet's Preliminary Dissertations, which are reprinted in the second volume of Stieren's edition; Mosheim's Commentary de Rebus Christianis ante Constantinum; Brücker, History of Philosophy, vol. iii; Matter, Hist. Crit. du Gnosticisme, vol. ii; Neander, Church History, sect. iv; Harvey's Preliminary Essay to his edition of St. Irenaeus; Ueberweg, History of Philosophy, § 77. The account in Neander should by all means be read by the student who desires to form any idea of the marvellous complexity of the Gnostic system.

The Editor begs to thank the Very Rev. R. Payne Smith, D.D., Dean of Canterbury, and the Rev. W. Bright, D.D., Regius Professor of Ecclesiastical History, for their kind suggestions.

The references to the Holy Scriptures are made to the Authorized Version.

OXFORD,

CHRISTMAS EVE, 1873.

THE THIRD BOOK OF

St. IRENAEUS

BISHOP OF LYONS

AGAINST HERESIES

WITH SHORT NOTES, AND A GLOSSARY,

BY

HENRY DEANE, B. D.

FELLOW OF ST. JOHN BAPTIST COLLEGE, OXFORD

WIPF & STOCK · Eugene, Oregon

Wipf and Stock Publishers
199 W 8th Ave, Suite 3
Eugene, OR 97401

The Third Book of St. Irenaeus Bishop of Lyons Against Heresies
By Deane, Henry, B.D.
ISBN 13: 978-1-55635-796-1
Publication date 1/9/2008
Previously published by Clarendon Press, 1874

S. IRENAEI

DETECTIONIS ET EVERSIONIS FALSO COGNOMINATAE AGNITIONIS,

SEU

CONTRA HAERESES
LIBER TERTIUS.

PREFACE.

St. Irenaeus states the object of the Book. It is to prove from the Holy Scriptures the soundness of the position which he has maintained in the two preceding books, and to overthrow by the same authority those who oppose the faith which the Church has inherited from the Apostles.

Tu quidem, dilectissime, praeceperas nobis, ut eas, quae a Valentino sunt, sententias absconditas, ut ipsi putant, in manifestum proderem; et ostenderem varietatem ipsorum, et sermonem destruentem eos inferrem. Aggressi sumus autem nos, arguentes eos a Simone, patre omnium haereticorum, et doctrinas, et successiones manifestare, et omnibus eis contradicere: propter quod cum sit unius operis traductio eorum, et destructio in multis, misimus tibi libros, ex quibus primus quidem omnium illorum sententias continet, et consuetudines et characteres ostendit conversationis eorum. In secundo vero destructa et eversa sunt quae ab ipsis male docentur, et nudata et ostensa sunt talia qualia et sunt. In hoc autem tertio ex

Scripturis inferemus ostensiones, ut nihil tibi ex his, quae praeceperas, desit a nobis; sed et, praeterquam opinabaris, ad
arguendum et evertendum eos, qui quolibet modo male docent,
occasiones a nobis accipias. Quae enim est in Deo charitas,
dives et sine invidia exsistens, plura donat quam postulet quis
ab ea. Memento igitur eorum quae diximus in prioribus
duobus libris; et haec illis adjungens, plenissimam habebis
a nobis adversus omnes haereticos contradictionem, et fiducialiter ac instantissime resistes eis pro sola vera ac vivifica
fide, quam ab Apostolis Ecclesia percepit, et distribuit filiis
suis. Etenim Dominus omnium dedit Apostolis suis potestatem Evangelii, per quos et veritatem, hoc est, Dei Filii
doctrinam cognovimus; quibus et dixit Dominus: *Qui vos
audit, me audit: et qui vos contemnit, me contemnit, et eum qui
me misit.*

Luc. x. 16.

CHAPTER I.

The origin of the Holy Gospels which contain the ground of faith. The
Apostles wrote after having received the gift of the Holy Ghost. They
teach that there is One God the Creator Whom the law and the prophets foretold, and One Christ the Son of God. The heretics despise
the salvation which God offers.

1. Non enim per alios dispositionem salutis nostrae cognovimus, quam per eos, per quos Evangelium pervenit ad nos:
quod quidem tunc praeconaverunt, postea vero per Dei voluntatem in Scripturis nobis tradiderunt, fundamentum et columnam
fidei nostrae futurum. Nec enim fas est dicere, quoniam ante
praedicaverunt, quam perfectam haberent agnitionem; sicut
quidam audent dicere, [1] gloriantes emendatores se esse Apostolorum. Postea enim quam surrexit Dominus noster a mortuis, et induti sunt [2] supervenientis Spiritus sancti virtutem ex

---

[1] gloriantes, e.g. Marcion; cf. supr. I. xxvii. 2.

[2] supervenientis Spiritus sancti. An easier reading is 'superve-
niente Spiritu Sancto.' The reading in the text is a good instance of the
servility of the translator. It is the genitive absolute, following the Greek

alto, de omnibus adimpleti sunt, et habuerunt perfectam agnitionem; exierunt in fines terrae, ea quae a Deo nobis bona sunt evangelizantes, et coelestem pacem hominibus annuntiantes, qui quidem et omnes pariter et singuli eorum habentes Evangelium Dei.

Ὁ μὲν δὴ Ματθαῖος ἐν τοῖς Ἑβραίοις τῇ ἰδίᾳ διαλέκτῳ αὐτῶν, καὶ γραφὴν ἐξήνεγκεν εὐαγγελίου, τοῦ Πέτρου καὶ τοῦ Παύλου ἐν Ῥώμῃ εὐαγγελιζομένων, καὶ θεμελιούντων τὴν ἐκκλησίαν. μετὰ δὲ τὴν τούτων ἔξοδον, Μάρκος ὁ μαθητὴς καὶ ἑρμηνευτὴς Πέτρου, καὶ αὐτὸς τὰ ὑπὸ Πέτρου κηρυσσόμενα ἐγγράφως ἡμῖν παραδέδωκε. καὶ Λουκᾶς δὲ ὁ ἀκόλουθος Παύλου, τὸ ὑπ᾽ ἐκείνου κηρυσσόμενον εὐαγγέλιον ἐν βιβλίῳ κατέθετο. ἔπειτα Ἰωάννης ὁ μαθητὴς τοῦ Κυρίου, ὁ καὶ ἐπὶ τὸ στῆθος αὐτοῦ ἀναπεσὼν, καὶ αὐτὸς ἐξέδωκε τὸ εὐαγγέλιον, ἐν Ἐφέσῳ τῆς Ἀσίας διατρίβων.

[3] Ita Matthaeus in Hebraeis ipsorum lingua Scripturam edidit Evangelii, cum Petrus et Paulus Romae evangelizarent, et fundarent Ecclesiam. Post vero horum [4] excessum, Marcus discipulus et interpres Petri, et ipse quae a Petro annuntiata erant, per scripta nobis tradidit. Et Lucas autem sector Pauli, quod ab illo praedicabatur Evangelium in libro condidit. Postea et Joannes discipulus Domini, qui et supra pectus ejus recumbebat, et ipse edidit Evangelium, Ephesi Asiae commorans.

2. Et omnes isti unum Deum factorem coeli et terrae, a Lege et Prophetis annuntiatum, et unum Christum filium Dei tradiderunt nobis: quibus si quis non assentit, spernit quidem participes Domini, spernit autem et ipsum Christum Dominum, spernit vero et Patrem, et est a semetipso damnatus, resistens et repugnans saluti suae: quod faciunt omnes haeretici.

---

of Acts i. 8, λήμψεσθε δύναμιν ἐπελθόντος τοῦ ἁγίου πνεύματος ἐφ᾽ ὑμᾶς : so infr. xviii. 5, 'quasi duorum exsistentium.'

[3] ita Matthaeus; see Eus. Hist. v. 10.

[4] excessum, i.e. their departure from Rome ; see Eus. Hist. ii. 15, 24.

CHAPTER II.

Tradition as well as Scripture is recognised by the Church. Heretics follow neither. They contradict the words of the Lord, they say that He was inconsistent in His teaching, and that the Apostles had diluted truth with error. Therefore St. Irenaeus calls on his friend to refute the heretics, and to lead them to acknowledge the truth.

1. CUM enim ex Scripturis arguuntur, in accusationem convertuntur ipsarum Scripturarum, quasi non recte habeant, neque sint ex auctoritate, et quia varie sint dictae, et quia non possit ex his inveniri veritas ab his, qui nesciant Traditionem. Non enim per literas traditam illam, sed per vivam vocem : ob quam causam et Paulum dixisse : *Sapientiam autem loquimur inter perfectos : Sapientiam autem non mundi hujus.* Et hanc sapientiam unusquisque eorum esse dicit, quam a semetipso [1] adinvenerit, fictionem videlicet, ut digne secundum eos sit veritas, aliquando quidem in Valentino, aliquando autem in Marcione, aliquando in Cerintho : postea deinde in Basilide fuit, aut et in illo qui contra disputat, qui nihil salutare loqui potuit. Unusquisque enim ipsorum omnimodo perversus, semetipsum, regulam veritatis depravans, praedicare non confunditur.

2. Cum autem ad eam iterum Traditionem, quae est ab Apostolis, quae per successiones Presbyterorum in Ecclesiis custoditur, provocamus eos ; adversantur Traditioni, dicentes se non solum Presbyteris, sed etiam Apostolis exsistentes sapientiores, sinceram invenisse veritatem. Apostolos enim admiscuisse ea quae sunt legalia Salvatoris verbis : et non solum Apostolos, sed etiam ipsum Dominum, modo quidem a Demiurgo, modo autem a medietate, interdum autem a summitate fecisse sermones : [2] et se vero indubitate, et intaminate, et sincere absconditum scire mysterium : quod quidem impudentissime est blasphemare suum factorem. Evenit itaque, neque Scripturis jam, neque Traditioni consentire eos.

3. Adversus tales certamen nobis est, o dilectissime, more

1 Cor. ii. 6.

---

[1] ' adinvenit,' Harv.   [2] et, om. Harv.

serpentum [3]lubricos undique effugere conantes. Quapropter undique resistendum est illis, si quos ex his retusione confundentes, ad conversionem veritatis adducere possimus. Etenim si non facile est ab errore apprehensam resipiscere animam; sed non omnimodo impossibile est errorem effugere, apposita veritate.

CHAPTER III.

What is Apostolical tradition? The Apostles received all truth from Christ, and handed it on to those who succeeded them. It would be too long a task to enumerate the successions in all Churches, therefore the tradition of the Church at Rome is examined. The Church of Rome is one of the most ancient and best known Churches, therefore the traditions of other Churches are most likely to agree with her traditions. The Church of Rome had St. Peter and St. Paul as founders, and St. Clement a witness of the traditions which she had received. The Church of Asia is represented by St. Polycarp, who stood midway between the Apostles and St. Irenaeus. These Churches are united in opposition to the heretics.

1. TRADITIONEM itaque Apostolorum in toto mundo manifestatam, in omni Ecclesia adest [1]respicere omnibus qui vera velint videre: et habemus annumerare eos qui ab Apostolis instituti sunt Episcopi in Ecclesiis, et [2]successores eorum usque ad nos, qui nihil tale docuerunt, neque cognoverunt, quale ab his deliratur. Etenim si recondita mysteria scissent Apostoli, quae seorsim et latenter ab reliquis perfectos docebant, his vel maxime traderent ea quibus etiam ipsas Ecclesias committebant. Valde enim perfectos et irreprehensibiles in omnibus eos volebant esse, quos et successores relinquebant, suum ipsorum locum magisterii tradentes: quibus emendate agentibus fieret magna utilitas, lapsis autem summa calamitas.

2. Sed quoniam valde longum est in hoc tali volumine omnium Ecclesiarum enumerare successiones; maximae, et antiquissimae, et omnibus cognitae, a gloriosissimis duobus Apostolis

---

[3] lubricos, 'lubrici,' Harv. He conjectures that 'lubrice' should be read.
[1] respicere, 'perspicere,' Harv.
[2] successores, 'successiones,' Harv.

Petro et Paulo Romae fundatae et constitutae Ecclesiae, eam, quam habet ab Apostolis Traditionem, et annuntiatam hominibus fidem, per successiones Episcoporum pervenientem usque ad nos indicantes, confundimus omnes eos, qui quoquo modo, vel per [3] sibi placentia, vel vanam gloriam, vel per caecitatem et malam sententiam, praeterquam oportet colligunt. Ad hanc enim Ecclesiam propter [4] potiorem principalitatem necesse est omnem convenire Ecclesiam, hoc est, eos qui sunt undique fideles, [5] in qua semper ab his, qui sunt undique, conservata est ea quae est ab Apostolis Traditio.

3. Θεμελιώσαντες οὖν καὶ οἰκοδομήσαντες οἱ μακάριοι ἀπόστολοι τὴν ἐκκλησίαν, Λίνῳ τὴν τῆς ἐπισκοπῆς λειτουργίαν ἐνεχείρισαν. τούτου τοῦ Λίνου Παῦλος ἐν ταῖς πρὸς Τιμόθεον ἐπιστολαῖς μέμνηται. διαδέχεται δὲ αὐτὸν ᾿Ανέγκλητος. μετὰ τοῦτον δὲ τρίτῳ τόπῳ ἀπὸ τῶν ἀποστόλων τὴν ἐπισκοπὴν κληροῦται Κλήμης, ὁ καὶ ἑωρακὼς τοὺς μακαρίους ἀποστόλους, καὶ συμβεβληκὼς αὐτοῖς, καὶ ἔτι ἔναυλον τὸ κήρυγμα τῶν ἀποστόλων, καὶ τὴν παράδοσιν πρὸ ὀφθαλμῶν ἔχων, οὐ μόνος· ἔτι γὰρ

3. Fundantes igitur et instruentes beati Apostoli Ecclesiam, Lino episcopatum administrandae Ecclesiae tradiderunt. Hujus Lini Paulus in his quae sunt ad Timotheum epistolis meminit. Succedit autem ei Anacletus: post eum tertio loco ab Apostolis episcopatum sortitur Clemens, qui et vidit ipsos Apostolos, et contulit cum eis, et cum adhuc insonantem praedicationem Apostolorum et Traditionem ante oculos haberet, non solus;

---

[3] sibi placentia, 'sibi placentiam malam,' Harv.

[4] potiorem, 'potentiorem,' Harv. Compare the language which St. Irenaeus uses of the Church of Jerusalem, inf. xii. 5. The principalitas is due to the Church of Rome only in respect of the founders of it. St. Irenaeus' letter to Victor shows that no primacy such as is now claimed by the Church of Rome was admitted by him. Principalitas = ἀρχή, not πρωτεῖον.

[5] in qua. The antecedent is 'omnem ecclesiam.' To refer the words to 'ad hanc ecclesiam' would make 'ab his qui sunt undique' meaningless. Compare the parallel passage, Tert. de Praescr. Haer. § 36.

πολλοὶ ὑπελείποντο τότε ὑπὸ τῶν ἀποστόλων δεδιδαγμένοι. ἐπὶ
τούτου οὖν τοῦ Κλήμεντος στάσεως οὐκ ὀλίγης τοῖς ἐν Κορίνθῳ
γενομένης ἀδελφοῖς, ἐπέστειλεν ἡ ἐν 'Ρώμῃ ἐκκλησία [6] ἱκανωτά-
την γραφὴν τοῖς Κορινθίοις, εἰς εἰρήνην συμβιβάζουσα αὐτούς,
καὶ ἀνανεοῦσα τὴν πίστιν αὐτῶν, [7] καὶ ἦν νεωστὶ ἀπὸ τῶν ἀποστόλων παράδοσιν εἰλήφει,

adhuc enim multi supererant tunc ab Apostolis docti. Sub hoc
igitur Clemente, dissensione non modica inter eos, qui Corinthi
essent, fratres facta, scripsit quae est Romae Ecclesia poten-
tissimas literas Corinthiis, ad pacem eos congregans, et re-
parans fidem eorum, et annuntians quam in recenti ab Apostolis
acceperat Traditionem, annuntiantem unum Deum omnipo-
tentem, factorem coeli et terrae, plasmatorem hominis, qui
induxerit cataclysmum, et advocaverit Abraham, qui eduxerit
populum de terra Aegypti, qui colloquutus sit Moysi, qui
legem disposuerit, et Prophetas miserit, qui ignem praepara-
verit diabolo et Angelis ejus. Hunc Patrem Domini nostri
Jesu Christi ab Ecclesiis annuntiari, ex ipsa Scriptura, qui
velint, discere possunt, et Apostolicam Ecclesiae Traditionem
intelligere ; cum sit vetustior epistola his qui nunc falso docent,
et alterum Deum super Demiurgum et factorem horum omnium, quae sunt, commentiuntur.

Τὸν δὲ Κλήμεντα τοῦτον διαδέχεται Εὐάρεστος· καὶ τὸν Εὐάρε-
στον 'Αλέξανδρος· εἶθ' οὕτως ἔκτος ἀπὸ τῶν ἀποστόλων καθίστα-
ται Ξύστος. μετὰ δὲ τοῦτον Τελεσφόρος, ὃς καὶ ἐνδόξως ἐμαρ-
τύρησεν· ἔπειτα 'Υγῖνος, εἶτα Πῖος· μεθ' ὃν 'Ανίκητος. διαδε-

Huic autem Clementi succedit Evaristus, et Evaristo Alexander,
ac deinceps sextus ab Apostolis constitutus est Sixtus, et ab hoc
Telesphorus, qui etiam gloriosissime martyrium fecit : ac deinceps Hyginus, post Pius, post quem Anicetus. Cum autem

---

[6] ἱκανωτάτη, 'most satisfactory.' The same epithet is applied below
to Polycarp's Epistle to the Philippians.

[7] καὶ ἀναγγέλλουσα, ἦν νεωστὶ, Harv.

ξαμένου τὸν Ἀνίκητον Σωτῆρος, νῦν δωδεκάτῳ τόπῳ τὸν τῆς
ἐπισκοπῆς ἀπὸ τῶν ἀποστόλων κατέχει κλῆρον Ἐλεύθερος. τῇ
αὐτῇ τάξει, καὶ τῇ αὐτῇ [8] διδαχῇ, ἥτε ἀπὸ τῶν ἀποστόλων ἐν τῇ
ἐκκλησίᾳ παράδοσις, καὶ τὸ τῆς ἀλεθείας κήρυγμα κατήνυηκεν
εἰς ἡμᾶς.

4. Καὶ Πολύκαρπος δὲ οὐ μόνον ὑπὸ ἀποστόλων μαθητευθεὶς,
καὶ συναναστραφεὶς πολλοῖς τοῖς τὸν Χριστὸν ἑωρακόσιν, ἀλλὰ
καὶ ὑπὸ ἀποστόλων κατασταθεὶς εἰς τὴν Ἀσίαν, ἐν τῇ ἐν Σμύρνῃ
ἐκκλησίᾳ, ἐπίσκοπος, ὃν καὶ ἡμεῖς ἑωράκαμεν ἐν τῇ πρώτῃ ἡμῶν
ἡλικίᾳ· (ἐπιπολὺ γὰρ παρέμεινε, καὶ πάνυ γηραλέος, ἐνδόξως καὶ
ἐπιφανέστατα μαρτυρήσας, ἐξῆλθε τοῦ βίου·) ταῦτα διδάξας ἀεὶ,
ἃ καὶ παρὰ τῶν ἀποστόλων ἔμαθεν, ἃ καὶ ἡ ἐκκλησία παραδίδω-
σιν, ἃ καὶ μόνα ἐστὶν ἀληθῆ.   Μαρτυροῦσιν τούτοις αἱ κατὰ τὴν
Ἀσίαν ἐκκλησίαι πᾶσαι, καὶ οἱ μέχρι νῦν διαδεδεγμένοι τὸν
Πολύκαρπον, πολλῷ ἀξιοπιστότερον καὶ βεβαιότερον ἀληθείας
μάρτυρα ὄντα Οὐαλεντίνου καὶ Μαρκίωνος, καὶ τῶν λοιπῶν

successisset Aniceto Soter, nunc duodecimo loco episcopatum
ab Apostolis habet. Eleutherius.   Hac ordinatione et succes-
sione, ea quae est ab Apostolis in Ecclesia Traditio, et veritatis
praeconiatio pervenit usque ad nos.   Et est plenissima haec
ostensio, unam et eamdem vivificatricem fidem esse, quae in
Ecclesia ab Apostolis usque nunc sit conservata, et tradita in
veritate.

4. Et Polycarpus autem non solum ab Apostolis edoctus, et
conversatus cum multis ex eis qui Dominum nostrum viderunt;
sed etiam ab Apostolis in Asia, in ea quae est Smyrnis Ecclesia
constitutus Episcopus, quem et nos vidimus in prima nostra
aetate : (multum enim perseveravit, et valde senex gloriosissime
et nobilissime martyrium faciens exivit de hac vita ;) haec docuit
semper quae ab Apostolis didicerat, quae et Ecclesiae tradidit,
et sola sunt vera.   Testimonium his perhibent quae sunt in
Asia Ecclesiae omnes, et qui usque adhuc successerunt Poly-
carpo : qui vir multo majoris auctoritatis, et fidelior veritatis
est testis, quam Valentinus et Marcion, et reliqui, qui sunt

___

[8] διδαχῇ.   As Massuet observes, this should be read διαδοχῇ.

κακογνωμόνων. ὃς καὶ ἐπὶ ᾿Ανικήτου ἐπιδημήσας τῇ ῾Ρώμῃ, πολλοὺς ἀπὸ τῶν προειρημένων αἱρετικῶν, ἐπέστρεψεν εἰς τὴν ἐκκλησίαν τοῦ Θεοῦ, μίαν καὶ μόνην ταύτην ἀλήθειαν κηρύξας ὑπὸ τῶν ἀποστόλων παρειληφέναι, τὴν ὑπὸ τῆς ἐκκλησίας παραδεδομένην. καὶ εἰσὶν οἱ ἀκηκοότες αὐτοῦ, ὅτι᾿Ιωάννης, ὁ τοῦ Κυρίου μαθητὴς, ἐν τῇ ᾿Εφέσῳ πορευθεὶς λούσασθαι, καὶ ἰδὼν ἔσω Κήρινθον, ἐξήλατο τοῦ βαλανείου μὴ λουσάμενος, ἀλλ᾽ ἐπειπών· φύγωμεν, μὴ καὶ τὸ βαλανεῖον συμπέσῃ, ἔνδον ὄντος Κηρίνθου, τοῦ τῆς ἀληθείας ἐχθροῦ. καὶ αὐτὸς δὲ ὁ Πολύκαρπος Μαρκίωνι ποτὲ εἰς ὄψιν αὐτῷ ἐλθόντι, καὶ φήσαντι, ἐπιγινώσκεις ἡμᾶς; ἀπεκρίθη· [9] ἐπιγινώσκω τὸν πρωτότοκον τοῦ Σατανᾶ. τοσαύτην οἱ ἀπόστολοι, καὶ οἱ μαθηταὶ αὐτῶν ἔσχον εὐλάβειαν, πρὸς τὸ μηδὲ μέχρι λόγου κοινωνεῖν τινὶ τῶν παραχαρασσόντων τὴν ἀλήθειαν, ὡς καὶ Παῦλος ἔφησεν· αἱρετικὸν ἄνθρωπον μετὰ μίαν καὶ δευτέραν νουθεσίαν παραιτοῦ, εἰδὼς ὅτι ἐξέστραπται ὁ τοιοῦτος, καὶ ἁμαρτάνει, ὢν αὐτοκατάκριτος. ἔστι δὲ καὶ ἐπιστολὴ Πολυκάρπου πρὸς Φιλιππησίους γεγραμμένη ἱκανωτάτη,

perversae sententiae. Is enim est, qui sub Aniceto cum advenisset in urbem, multos ex his quos praediximus, haereticos convertit in Ecclesiam Dei, unam et solam hanc veritatem annuntians ab Apostolis percepisse se, quam et Ecclesiae tradidit. Et sunt qui audierunt eum [10] dicentem, quoniam Joannes Domini discipulus in Epheso iens lavari, cum vidisset intus Cerinthum, exsilierit de balneo non lotus; dicens, quod timeat ne balneum concidat, cum intus esset Cerinthus inimicus veritatis. Et ipse autem Polycarpus Marcioni aliquando occurrenti sibi, et dicenti: *Cognoscis nos?* respondit: *Cognosco te primogenitum Satanae.* Tantum Apostoli et horum discipuli habuerunt timorem, ut [11] ne verbo tenus communicarent alicui eorum, qui adulteraverant veritatem, quemadmodum et Paulus ait: *Haereticum autem hominem post unam correptionem devita, sciens* Tit. iii. 10. *quoniam perversus est qui est talis, et est a semetipso damnatus.* Est autem et epistola Polycarpi ad Philippenses scripta perfec-

[9] ἐπιγιγνώσκω [σε]. Harv.   [10] dicentem, om. Harv.
[11] 'neque,' Harv.

ἐξ ἧς καὶ τὸν χαρακτῆρα τῆς πίστεως αὐτοῦ, καὶ τὸ κήρυγμα τῆς
ἀληθείας, οἱ βουλόμενοι, καὶ φροντίζοντες τῆς ἑαυτῶν σωτηρίας,
δύνανται μαθεῖν. ἀλλὰ καὶ ἡ ἐν Ἐφέσῳ ἐκκλησία ὑπὸ Παύλου
μὲν τεθεμελιωμένη, Ἰωάννου δὲ παραμείναντος αὐτοῖς μέχρι τῶν
Τραϊανοῦ χρόνων, μάρτυς ἀληθής ἐστι τῆς Ἀποστόλων παρα-
δόσεως.

tissima, ex qua et characterem fidei ejus, et praedicationem veritatis, qui volunt et curam habent suae salutis, possunt discere.
Sed et quae est Ephesi Ecclesia a Paulo quidem fundata,
Joanne autem permanente apud eos usque ad Trajani tempora,
testis est verus Apostolorum Traditionis.

CHAPTER IV.

Truth must therefore be sought for in the Church. Even barbarians who
have never received a written Gospel, have admitted an Apostolic rule of
faith. They, at least, are not liable to the same charge of novelty in
doctrine, as is Valentinus.

1. TANTAE igitur ostensiones cum sint, non oportet adhuc
quaerere apud alios veritatem, quam facile est ab Ecclesia
sumere; cum Apostoli, quasi in depositorium dives, plenissime
in eam contulerint omnia quae sint veritatis : uti omnis quicumque velit, sumat ex ea potum vitae. Haec est enim vitae
introitus; omnes autem reliqui fures sunt et latrones. Propter
quod oportet devitare quidem illos; quae autem sunt Ecclesiae,
cum summa diligentia diligere, et apprehendere veritatis Traditionem. Quid enim? Et si de aliqua modica quaestione
disceptatio esset, nonne oporteret in antiquissimas recurrere
Ecclesias, in quibus Apostoli conversati sunt, et ab eis de
praesenti quaestione sumere quod certum et re liquidum est?
Quid autem si neque Apostoli quidem Scripturas reliquissent
nobis, nonne oportebat ordinem sequi Traditionis, quam tradiderunt iis quibus committebant Ecclesias?

2. Cui ordinationi assentiunt multae gentes barbarorum, eorum qui in Christum credunt, [1] sine charta [2] et atramento scrip-

---

[1] sine charta, cf. Aug. de Doct. Christ. i. § 43.   [2] 'vel,' Harv.

tam habentes per Spiritum in cordibus suis salutem, et veterem Traditionem diligenter custodientes; in unum Deum credentes fabricatorem coeli et terrae, et omnium quae in eis sunt, per Christum Jesum Dei Filium: qui propter eminentissimam erga figmentum suum dilectionem, eam quae esset ex Virgine generationem sustinuit, ipse per se hominem adunans Deo, et passus sub Pontio Pilato, et resurgens, et in claritate receptus, in gloria venturus Salvator eorum qui salvantur, et judex eorum qui judicantur, et mittens in ignem aeternum transfiguratores veritatis, et contemptores Patris sui et adventus ejus. Hanc fidem qui sine literis crediderunt, quantum ad sermonem nostrum barbari sunt: quantum autem ad sententiam, et consuetudinem, et conversationem, propter fidem perquam sapientissimi sunt, et placent Deo, conversantes in omni justitia, et castitate, et sapientia. Quibus si aliquis annuntiaverit ea, quae ab haereticis adinventa sunt, proprio sermone eorum colloquens, statim concludentes aures, longo longius fugient, ne audire quidem sustinentes blasphemum colloquium. Sic per illam veterem Apostolorum Traditionem, ne in conceptionem quidem mentis admittunt, quodcumque eorum portentiloquium est: [3] nequedum enim congregatio fuit apud eos, neque doctrina instituta.

3. Ante Valentinum enim non fuerunt, qui sunt a Valentino; neque ante Marcionem erant, qui sunt a Marcione; neque omnino erant reliqui sensus maligni, quos supra enumeravimus, antequam initiatores et inventores perversitatis eorum fierent.

Οὐαλεντῖνος μὲν γὰρ ἦλθεν εἰς Ῥώμην ἐπὶ Ὑγίνου· ἤκμασε δὲ ἐπὶ Πίου, καὶ παρέμεινεν ἕως Ἀνικήτου. Κέρδων δὲ ὁ πρὸ Μαρκίωνος, καὶ αὐτὸς ἐπὶ Ὑγίνου, ὃς ἦν ἔνατος ἐπίσκοπος, εἰς τὴν ἐκκλησίαν ἐλθὼν, καὶ ἐξομολογούμενος, οὕτως διετέλεσε,

Valentinus enim venit Romam sub Hygino; increvit vero sub Pio, et prorogavit tempus usque ad Anicetum. Cerdon autem, qui ante Marcionem, et hic sub Hygino, qui fuit octavus Episcopus, saepe in Ecclesiam veniens, et exhomologesin faciens,

---

[3] nequedum, 'dum' om. Harv.

ποτὲ μὲν λαθροδιδασκαλῶν, ποτὲ δὲ πάλιν ἐξομολογούμενος, ποτὲ δὲ ἐλεγχόμενος ἐφ᾽ οἷς ἐδίδασκε κακῶς, καὶ ἀφιστάμενος τῆς τῶν ἀδελφῶν συνοδίας.

sic consummavit, modo quidem latenter docens, modo vero exhomologesim faciens, modo vero ab aliquibus traductus in his quae docebat male, et abstentus est a religiosorum hominum conventu. Marcion autem illi succedens invaluit sub Aniceto, decimum locum episcopatus continente. Reliqui vero, qui vocantur Gnostici, a Menandro Simonis discipulo, quemadmodum ostendimus, accipientes initia, unusquisque eorum, cujus participatus est sententiae, ejus et pater, et antistes apparuit. Omnes autem hi multo posterius, mediantibus jam Ecclesiae temporibus, insurrexerunt in suam apostasiam.

CHAPTER V.

Christ and the Apostles taught on their own authority, disregarding the opinions of men. They were at no time inconsistent. Christ was the Truth. He was the teacher of the Apostles, therefore the teaching of the Church has strong evidence in favour of its truth.

1. TRADITIONE igitur, quae est ab Apostolis, sic se habente in Ecclesia, et permanente apud nos, revertamur ad eam, quae est ex Scripturis ostensionem eorum, [1] qui Evangelium conscripserunt, Apostolorum, ex quibus conscripserunt de Deo sententiam, ostendentes quoniam Dominus noster Jesus Christus veritas est, et mendacium in eo non est. Quemadmodum et David eam, quae est [2] Virgine, generationem ejus, et eam, quae est ex mortuis, resurrectionem prophetans, ait: *Veritas de terra orta est.* Et Apostoli autem discipuli veritatis exsistentes, extra omne mendacium sunt: non enim communicat mendacium veritati, sicut non communicant tenebrae luci; sed praesentia alterius excludit alterum. Veritas ergo Dominus noster exsistens, non mentiebatur: et quem sciebat labis esse fructum, non utique Deum confiteretur, et Deum omnium, et summum

Ps. lxxxv. 11.

---

[1] 'qui, et,' Harv.   [2] Virgine, 'ex Virgine,' Harv.

Regem, et Patrem suum, perfectus imperfectum, spiritalis animalem, is qui in Pleromate esset, eum qui extra Pleroma. Neque discipuli ejus alium quemdam Deum nominarent, aut Dominum vocarent, praeter eum, qui vere esset Deus et Dominus omnium: quemadmodum dicunt hi, qui sunt vanissimi Sophistae, quoniam Apostoli cum hypocrisi fecerunt doctrinam secundum audientium capacitatem, et responsiones secundum interrogantium ³ suspiciones, caecis caeca confabulantes secundum caecitatem ipsorum, languentibus autem secundum languorem ipsorum, et errantibus secundum errorem eorum, et putantibus Demiurgum solum esse Deum, hunc annuntiasse; his vero qui innominabilem Patrem capiunt, per parabolas et aenigmata inenerrabile fecisse mysterium: uti nōn quemadmodum habet ipsa veritas, ⁴ sed in hypocrisi, et quemadmodum capiebat unusquisque, Dominum et Apostolos edidisse magisterium.

2. Hoc autem non est sanantium, nec vivificantium; sed magis gravantium, et augentium ignorantiam ipsorum: et multo verior his Lex invenietur, maledictum dicens omnem, qui in errorem mittat caecum in via. Qui enim ad inventionem missi erant errantium Apostoli, et ad visionem eorum qui non videbant, et ad medicinam languentium, utique non secundum praesentem opinionem colloquebantur eis, sed secundum veritatis manifestationem. Nec enim quilibet homines recte facient, si caecos jamjamque per praecipitium ferri incipientes adhortentur insistere illi periculosissimae viae, quasi vere rectae, et quasi bene perventuri sint. Quis autem medicus volens curare aegrotum, ⁵ faciat secundum concupiscentias ⁶ aegrotantium, et non secundum quod aptum est medicinae? Quoniam autem Dominus medicus venit eorum qui male habent, ipse testificatur, dicens: *Non est opus sanis medicus, sed male habentibus. Non veni vocare justos, sed peccatores ad poenitentiam.* Quomodo ergo qui male habent confirmabuntur?

Deuter. xxvii. 18.

Luc. v. 31, 32.

---

³ suspiciones = ὑπολήψεις, i. e. opinions.   ⁴ 'sed et in,' Harv.
⁵ faciat, 'faciet,' Harv.   ⁶ aegrotantium, 'aegrotantis,' Harv.

et quomodo peccatores poenitentiam agent? Utrum perseverantes in eisdem ipsis; an e contrario, magnam commutationem, et transgressionem prioris conversationis accipientes, per quam et aegritudinem non modicam, et multa peccata sibimetipsis importaverunt? Ignorantia autem mater horum omnium per agnitionem evacuatur. Agnitionem ergo faciebat Dominus suis discipulis, per quam et curabat laborantes, et peccatores a [7] peccando coërcebat. Non igitur jam secundum pristinam opinionem loquebatur eis, neque secundum suspicionem interrogantium respondebat eis; sed secundum doctrinam salutarem, et sine hypocrisi, et sine personae [8] acceptione.

3. Quod etiam ex Domini sermonibus ostenditur: qui quidem his, qui erant ex circumcisione, ostendebat Filium Dei, eum qui per Prophetas praedicatus fuerat, Christum; hoc est, semetipsum manifestabat, qui libertatem hominibus restauraverit, et attribuerit incorruptelae haereditatem. Gentes autem iterum docebant Apostoli, ut relinquerent vana ligna et lapides, quae suspicabantur esse Deos, et verum colerent Deum, qui constituisset et fecisset omne humanum genus, et per conditionem suam aleret et augeret, et constabiliret, [9] et eis esse praestaret; et ut exspectarent filium ejus Jesum Christum, qui redemit nos de apostasia sanguine suo, ad hoc ut essemus et nos populus sanctificatus, de coelis descensurum in virtute Patris, qui et judicium omnium facturus est, et ea quae a Deo sunt bona donaturus his, qui servaverint praecepta ejus. Hic in novissimis temporibus apparens, lapis summus angularis, in unum collegit, et univit eos qui longe, et eos qui prope, hoc est, circumcisionem et praeputium, dilatans Japhet, et constituens eum in domo Sem.

---

[7] 'peccato,' Harv.   [8] 'acceptatione,' Harv.

[9] et eis esse praestaret, i.e. giving them Being, as below, viii. 3: 'reliquis omnibus ut sint hoc ipsum praestans.'

CHAPTER VI.

God the Father Almighty and the Word are alone spoken of in the Scrip-
tures as God and Lord.   Yet a difficulty arises, for in some passages of
Scripture the name 'God' is predicated of what is not truly and absolutely
God.   The context must be consulted if the difficulty is to be solved.

1. NEQUE igitur Dominus, neque Spiritus sanctus, neque
Apostoli eum, qui non esset Deus, [1] definitive et absolute Deum
nominassent aliquando, nisi esset vere Deus ; neque Dominum
appellassent aliquem ex sua persona, nisi qui dominatur omnium, Deum Patrem, et Filium ejus, qui dominium accepit a
Patre suo omnis conditionis, quemadmodum habet illud : *Dixit* Psal. cx. 1.
*Dominus Domino meo : Sede a dextris meis, quoadusque ponam
inimicos tuos suppedaneum pedum tuorum.*   Patrem enim Filio
colloquutum ostendit : qui dedit ei haereditatem Gentium, et
subjecit ei omnes inimicos.   Vere igitur cum Pater sit Dominus, et Filius vere sit Dominus, merito Spiritus sanctus Domini
appellatione signavit eos.   Et iterum in eversione Sodomitarum
Scriptura ait : *Et pluit Dominus super Sodomam et Gomorrham* Genes. xix.
ignem et sulfur a Domino de coelo.   Filium enim hic significat, 24.
qui et Abrahae colloquutus sit, a Patre accepisse potestatem
[2] ad judicandum Sodomitas, propter iniquitatem eorum.   Simi-
liter habet illud : *Sedes tua, Deus, in aeternum ; virga directionis,* Psal. xlv. 7,
virga regni tui.   Dilexisti justitiam, et odisti iniquitatem, pro- seqq.
pterea unxit te Deus, Deus tuus.   Utrosque enim Dei appellatione signavit Spiritus, et eum, qui ungitur, Filium, et eum, qui
ungit, id est, Patrem.   Et iterum : *Deus stetit in synagoga Deo-* Psal.lxxxii. 1.
rum, in medio autem deos discernit.   De Patre, et Filio, et de his
[3] qui adoptionem perceperunt, dicit : hi autem sunt Ecclesia.
Haec enim est synagoga Dei, quam Deus, hoc est, Filius ipse
per semetipsum collegit.   De quo iterum dicit : *Deus deorum* Psal. l. 1.

---

[1] definitive et absolute, cf. Aug. de Trin. vi. 9.
[2] ad judicandum, 'judicandi,' Harv.
[3] qui adoptionem perceperunt, cf. Tert. adv. Prax. 13, 16.

Dominus loquutus est, et vocavit terram. Quis Deus? de quo

Psal. l. 3. dixit : *Deus manifeste veniet, Deus noster, et non silebit :* hoc est, Filius, qui secundum manifestationem hominibus advenit, qui

Esa. lxv. 1. dicit : *Palam apparui his, qui me non quaerunt.* Quorum autem

Psal. lxxxii. 6. Deorum? Quibus dicit : *Ego dixi, dii estis, et filii Altissimi*
Joan. x. 35. *omnes :* his scilicet, qui adoptionis gratiam adepti sunt, per

Rom. viii. 15. quam *clamamus : Abba Pater.*

2. Nemo igitur alius, quemadmodum praedixi, Deus nominatur, aut Dominus appellatur, nisi qui est omnium Deus et Do-

Exod. iii. 14. minus, qui et Moysi dixit: *Ego sum, qui sum. Et sic dices filiis Israël : Qui est, misit me ad vos :* et hujus Filius Jesus Christus Dominus noster, qui filios Dei facit credentes in

Exod. iii. 8. nomen suum. Et iterum, loquente Filio ad Moysen : *Descendi,* inquit, *eripere populum hunc.* Ipse est enim qui descendit, et ascendit propter salutem hominum. Per Filium itaque, qui est in Patre, et habet in se Patrem, is qui est, manifestatus est Deus ; Patre testimonium perhibente Filio, et Filio annuntiante

Esa. xliii. 10. Patrem. Quemadmodum et Esaias ait : *Et ego,* inquit, *testis, dicit Dominus Deus, et puer quem elegi, uti cognoscatis, et credatis, et intelligatis, quoniam ego sum.*

3. Cum autem eos, qui non sunt Dii, nominat, non in totum, quemadmodum praedixi, Scriptura ostendit illos Deos ; sed cum aliquo additamento et significatione, per quam ostendun-

Psal. xcvi. 5. tur non esse Dii. Quemadmodum apud David : *Dii Gentium,*
Psal. lxxxi. 9. *idola daemoniorum.* Et, *Deos alienos non sectabimini.* Ex eo enim quod dicit, *Dii Gentium ;* (Gentes autem verum Deum nesciunt) et *alienos Deos* nominans eos, abstulit quod sint Dii. A sua autem persona quod est, dicit de ipsis : Sunt enim *idola,*

Esa. xliv. 9. inquit, *daemoniorum.* Et Esaias : *Confundantur omnes qui blasphemant Deum, et sculpunt inutilia : et ego testis, dicit Dominus.* Abstulit quod sint Dii ; solo autem utitur nomine, ad hoc ut

Jerem. x. 11. sciamus de quo dicit. Hoc autem ipsum et Jeremias : *Dii,* inquit, *qui non fecerunt coelum et terram, pereant de terra, quae est sub coelo.* Ex eo enim quod perditionem eorum adjecit, ostendit non esse eos Deos. Et Helias autem convocato universo Israël in Carmelum montem, volens eos ab idololatria avertere, ait

eis: *Quousque claudicabitis vos in ambabus suffraginibus?   Si* 1 Reg. xviii.
21. *unus est Dominus Deus, venite post eum.*   Et iterum super holo-
caustum sic ait idolorum sacerdotibus : *Vos invocabitis in nomine* Ibid. 24.
*deorum vestrorum, et ego invocabo in nomine Domini Dei mei ;
et Deus qui exaudiet hodie, ipse est Deus.*   In eo enim quod haec
dicebat Propheta, qui quidem apud ipsos putabantur Dii, arguit
Deos non esse.   Convertit autem eos ad eum Deum, qui et
credebatur ab eo, et qui vere erat Deus, quem et invocans
clamabat : *Domine Deus Abraham, Deus Isaac, et Deus Jacob,* Ibid. 36.
*exaudi me hodie : et intelligat omnis populus hic, quoniam tu es
Deus Israël.*

4. Et ego igitur invoco te, Domine Deus Abraham, et Deus
Isaac, et Deus Jacob, et Israël, qui es Pater Domini nostri Jesu
Christi, Deus qui per multitudinem misericordiae tuae bene
sensisti in nobis, ut te cognoscamus; qui fecisti coelum et
terram, qui dominaris omnium, qui es solus et verus Deus,
super quem alius Deus non est, per Dominum nostrum Jesum
Christum dominationem quoque dona Spiritus sancti : da omni
legenti hanc scripturam [5] agnoscere te, quia solus Deus es, et
confirmari in te, et absistere ab omni haeretica, et quae est sine
Deo, et impia sententia.

5. Et Apostolus autem Paulus, dicens : *Si enim his qui non* Gal. iv. 8, 9.
*erant Dii servistis, nunc cognoscentes Deum, immo cogniti a
Deo ;* separavit eos qui non erant, ab eo qui est Deus.   Et
iterum de Anti-Christo dicens : *Qui adversatur et extollit se,* 2 Thes. ii 4.
inquit, *super omne quod dicitur Deus, vel quod colitur ;* eos qui
ab ignorantibus Deum Dii dicuntur, significat, id est, idola.
Etenim Pater omnium Deus dicitur, et est : et non super hunc
extolletur Anti-Christus; sed super eos qui dicuntur quidem,
non sunt autem Dii.   Quoniam autem hoc verum est, ipse
Paulus ait: *Scimus autem, quoniam nihil est idolum, et quoniam* 1 Cor. viii. 4,
nemo Deus, nisi unus.   Etenim si sunt qui dicuntur Dii, sive in seqq.
*coelo, sive in terra ; nobis unus Deus, Pater, ex quo omnia, et nos
in illum ; et unus Dominus Jesus Christus, per quem omnia, et nos
per ipsum.*   Distinxit enim et separavit eos qui dicuntur quidem,

<hr>

[5] agnoscere, 'cognoscere.' Harv.

non sunt autem Dii, ab uno Deo Patre, ex quo omnia; et unum Dominum Jesum Christum ex sua persona firmissime confessus est. Quod autem, *sive in coelo, sive in terra;* non quemadmodum exponunt hi, dicere eum mundi fabricatores; Deut. v. 8. sed simile est ei quod a Moyse dictum est: *Non facies tibi omnem similitudinem in Deum, quaecumque in coelo sursum, et quaecumque in terra deorsum, et quaecumque in aquis sub terra.* Deut. iv. 19. Quae autem in coelo sunt, quae sint, ipse exponit: *Ne quando,* inquit, *respiciens in coelum, et videns solem, et lunam, et stellas, et omne ornamentum coeli, errans adores ea, et servias eis.* Et ipse Exod. vii. 1. autem Moyses, homo Dei exsistens, Deus quidem datus est ante Pharaonem: non autem vere Dominus appellatur, nec Heb. iii. 5, ex Num. xii. 7. Deus vocatur a Prophetis, sed *fidelis Moyses famulus et servus Dei,* dicitur a Spiritu; quod et erat.

CHAPTER VII.

A difficulty arises about a passage in St. Paul's Second Epistle to the Corinthians. St. Paul often uses transpositions in his fervent eloquence.

1. QUOD autem dicunt, aperte Paulum in secunda ad Co-
2 Cor. iv. 4. rinthios dixisse: *In quibus Deus saeculi hujus excaecavit mentes infidelium;* et alterum quidem Deum esse saeculi hujus dicunt, alterum vero, qui sit super omnem Principatum, et Initium, et Potestatem: non sumus nos in causa, si hi, qui quae super Deum sunt mysteria scire se dicunt, ne quidem legere Paulum sciunt. Si enim quis secundum Pauli consuetudinem, quemadmodum ex multis et alibi ostendimus, hyperbatis eum utentem, sic legerit: *in quibus Deus;* deinde subdistinguens, et modicum diastematis faciens, simul et in unum reliqua legerit, *saeculi hujus excaecavit mentes infidelium,* inveniet verum; ut sit quod dicitur: *Deus excaecavit mentes infidelium hujus saeculi.* Et hoc per subdistinctionem ostenditur. Non enim Deum hujus saeculi dicit Paulus, quasi super illum alterum aliquem sciens; sed Deum quidem Deum confessus est: infideles autem saeculi hujus dicit, quoniam venturum incorruptelae non haereditabunt saeculum. Quemadmodum autem Deus excaecavit mentes in-

fidelium, ex ipso Paulo ostendemus, proficiente nobis sermone, ut non nunc in multum avocemus mentem nostram a proposito.

2. Quoniam autem hyperbatis frequenter utitur Apostolus, propter velocitatem sermonum suorum, et propter impetum qui in ipso est Spiritus, ex multis quidem aliis est invenire. Sed et in ea quae est ad Galatas, sic ait: *Quid ergo Lex factorum?* Gal. iii. 19. *Posita est, usque quo veniat semen, cui promissum est, disposita per Angelos in manu Mediatoris.* Ordinatio enim sic est: *Quid ergo Lex factorum? Disposita per Angelos in manu Mediatoris posita est, usquedum veniat semen, cui promissum est:* ut sit homo interrogans, et Spiritus respondens. Et iterum in secunda ad Thessalonicenses, de Antichristo dicens, ait: *Et tunc revelabitur* 2 Thes. ii. 8. *iniquus, quem Dominus Jesus Christus interficiet Spiritu oris sui, et destruet praesentia adventus sui illum, cujus est adventus secundum operationem Satanae, in omni virtute, et signis, et portentis mendacii.* Etenim in his ordinatio dictorum sic est: *Et tunc revelabitur iniquus, cujus est adventus secundum operationem Satanae, in omni virtute, et signis, et portentis mendacii, quem Dominus Jesus interficiet Spiritu oris sui, et destruet praesentia adventus sui.* Non enim adventum Domini dicit secundum operationem Satanae fieri, sed adventum iniqui, quem et Antichristum dicimus. Si ergo non attendat aliquis lectioni, et, intervalla adspirationis manifestet in quo dicitur; erunt non tantum incongruentia, sed et [1] blasphema, legens quasi Domini adventus secundum operationem fiat Satanae. Sicut ergo in talibus oportet per lectionem hyperbaton ostendi, et consequentem Apostoli servari sensum; sic et ibi non Deum saeculi hujus legimus, sed Deum, quem vere Deum dicimus: incredulos autem et excaecatos saeculi hujus audiemus, quoniam venturum vitae non haereditabunt saeculum.

---

[1] 'blasphemat,' Harv.

CHAPTER VIII.

Another difficulty has been felt by some about the Divine Nature from our
Saviour's words ' Ye cannot serve God and Mammon.' Mammon is no
more our God and Master than the Devil. The Devil, though ἰσχυρός,
is subject to Christ, Who is ἰσχυρότερος. God made all things by
His Word. God and His Word alone are without beginning. Therefore God and His Word alone are truly God and Lord.

1. Soluta igitur et hac illorum calumnia, manifeste ostensum est, quoniam numquam neque Prophetae, neque Apostoli
alium Deum nominaverunt, vel Dominum appellaverunt, praeter
verum et solum Deum. Multo magis ipse Dominus, qui et

*Matt. xxii.
21.* Caesari quidem *quae Caesaris sunt reddi* jubet, *et quae Dei sunt
Deo ;* Caesarem quidem Caesarem nominans, Deum vero Deum

Matt. vi. 24. confitens. Similiter et illud quod ait: *Non potestis duobus
dominis servire ;* ipse interpretatur, dicens: *Non potestis Deo
servire et Mammonae ;* Deum quidem confitens Deum, Mammonam autem nominans hoc quod et est. Non Mammonam dominum vocat, dicens : *Non potestis duobus dominis servire ;* sed
discipulos docet servientes Deo, non subjici Mammonae, neque

Joan. viii. 34. dominari ab eo. *Qui* enim, inquit, *facit peccatum, servus est
peccati.* Quemadmodum igitur servientes peccato servos peccati
vocat, non tamen ipsum peccatum Deum appellat: sic et eos
qui Mammonae serviunt, servos Mammonae appellat, non Deum
appellans Mammonam. Mammonas autem est, secundum Ju-
daïcam loquelam, qua et Samaritae utuntur, *cupidus, et plus
quam oportet habere volens,* (secundum autem Hebraïcam, adjunctive dicitur [1] *Mam ;*) vel significat *gulosum,* id est, qui non
possit a gula contineri. Secundum utraque igitur quae signi-
ficantur, non possumus Deo servire et Mammonae.

---

[1] M a m, ' Mamuel,' et significat, Harv. To which it is hard to attach any
meaning. By ' adjunctive ' St. Irenaeus seems to mean that the syllable Mam,
or possibly the letter Mem, does not form any part of the root. The
derivation of מָמוֹן is quite as obscure as the account here given of it.
Dr. Payne Smith rejects the traditional derivation from אָמַן.

2. Sed et Diabolum cum dixisset fortem, non in totum, sed velut in [2]comparatione nostra; semetipsum in omnia et vere fortem ostendit Dominus, dicens: *non aliter aliquem posse diri-* Matt. xii. 29. *pere vasa fortis, si non prius ipsum alliget fortem; et tunc domum ejus diripiet.* ([3]Vasa autem ejus et domus nos eramus, cum essemus in apostasia: utebatur enim nobis quemadmodum volebat, et spiritus immundus habitabat in nobis.) Non enim adversus eum qui se alligabat, et domum ejus diripiebat, fortis erat; sed adversus eos, qui in usu ejus erant, homines; quoniam abscedere fecerat sententiam eorum [4]a Deo. Quos eripuit Dominus, quemadmodum et Jeremias ait: *Redemit Dominus* Jerem. xxxi. *Jacob, et eripuit eum de manu fortioris ejus.* Si igitur non 11. significasset eum qui alligat et diripit ejus vasa, hoc autem solum eum fortem dixisset, esset fortis invictus. Sed et adjecit obtinentem; tenet enim qui alligat, tenetur autem qui alligatus est. Et hoc sine comparatione fecit, ut non comparetur Domino servus apostata exsistens: non enim tantum hic, sed nec quidquam ex his quae constituta sunt, et in subjectione sunt, comparabitur Verbo Dei, per quem facta sunt omnia, qui est Dominus noster Jesus Christus.

3. Quoniam enim sive Angeli, sive Archangeli, sive Throni, sive Dominationes, ab eo qui super omnes est Deus, et constituta sunt et facta per Verbum ejus, Joannes quidem sic significavit. Cum enim dixisset de Verbo Dei, quoniam erat in Patre, adjecit: *Omnia per eum facta sunt, et sine eo factum est* Joan. i. 3. *nihil.* David quoque cum laudationes enumerasset, nominatim universa quaecumque diximus, et coelos, et omnes virtutes eorum, adjecit: *Quoniam ipse praecepit, et creata sunt: ipse* Psal. xxxiii. 9, *dixit, et facta sunt.* Cui ergo praecepit? Verbo scilicet: per et cxlviii. 5. quod, inquit, *Coeli firmati sunt, et Spiritu oris ejus omnis virtus* Psal. xxxiii. 6. *eorum.* Quoniam autem ipse omnia fecit libere, et quemadmodum voluit, ait iterum David: *Deus autem noster in coelis* Psal. cxv. 3. *sursum, et in terra, omnia quaecumque voluit, fecit.* Altera autem

---

[2] comparatione nostra, 'comparationem nostram,' Harv.

[3] vasa autem; cf. Barn. Ep. § 16.

[4] a Deo, quos eripuit Dominus. Harvey thus punctuates.

sunt, quae constituta sunt, ab eo qui constituit, et quae facta sunt, ab eo qui fecit. Ipse enim infectus, et sine initio, et sine fine, et nullius indigens, ipse sibi sufficiens, et adhuc reliquis omnibus, ut sint, hoc ipsum praestans : quae vero ab eo sunt facta, initium sumpserunt. Quaecumque autem initium sump-serunt, et dissolutionem possunt percipere, et subjecta sunt, et indigent ejus qui se fecit ; necesse est omnimodo, uti differens vocabulum habeant apud eos etiam, qui vel modicum sensum in discernendo talia habent : ita ut is quidem, qui omnia fecerit, cum Verbo suo juste dicatur Deus et Dominus solus ; quae autem facta sunt, non jam ejusdem vocabuli participabilia esse, neque juste id vocabulum sumere debere, quod est Creatoris.

CHAPTER IX.

The God spoken of by the Prophets is the God of the New Testament. This appears from the teaching of Christ, the Prophets, and the Apostles. Take St. Matthew, for instance. His account of the Incarnation, of the circumstances of the Birth and Baptism of the Son or Word of God, agrees with what the Prophets foretold.

1. Ostenso [1]hoc igitur plane, (et adhuc ostendetur manifes-tius ;) neminem alterum Dominum vel Deum, neque Prophetas, neque Apostolos, neque Dominum Christum confessum esse ex sua persona, sed praecipue Deum et Dominum : Prophetis quidem et Apostolis Patrem et Filium confitentibus ; alterum autem neminem, neque Deum nominantibus, neque Dominum confitentibus : et ipso Domino Patrem tantum Deum et Domi-num eum, qui solus est Deus et dominator omnium, tradente discipulis ; sequi nos oportet, si quidem illorum sumus discipuli, testimonia illorum ita se habentia. Matthaeus enim Apostolus, unum et eundem sciens Deum, qui promissionem fecerit Abra-. hae, facturum se semen ejus quasi stellas coeli ; qui per Filium suum Christum Jesum a lapidum cultura in suam nos agni-tionem vocaverit ; uti fieret *qui non populus, populus ; et non*

Gen. xv. 5.

Rom. ix. 25, ex Ose. i. 10, et ii. 23.

[1] ' igitur hic plane,' Harv.

dilecta, dilecta; ait Joannem praeparantem Christo viam, his qui in carnali quidem cognatione gloriabantur, varium autem et omni malitia completum sensum habebant, eam poenitentiam, quae a malitia revocaret, annunciantem dixisse: *Progenies viper-* Matt. iii. 7, *arum, quis vobis monstravit fugere ab ira ventura? Facile ergo* seqq. *fructum dignum poenitentiae. Et nolite dicere in vobis ipsis: Patrem habemus Abraham: dico enim vobis, quoniam potens est Deus ex lapidibus istis suscitare filios Abrahae.* Poenitentiam igitur eis eam, quae esset a malitia, praeconabat; sed non alterum Deum annuntiabat, praeter eum qui fecisset promissionem Abrahae, ille praecursor Christi; de quo iterum ait Matthaeus, similiter autem et Lucas: *Hic enim est qui dictus* Matt. iii. 3, *est a Domino per Prophetam: Vox clamantis in deserto, Parate* Luc. iii. 4, *viam Domini, rectas facite semitas Dei nostri.* *Omnis vallis* seqq. *implebitur, et omnis mons et collis humiliabitur, et erunt tortuosa in directa, et aspera in vias planas: et videbit omnis caro salutare Dei.* Unus igitur et idem Deus est, Pater Domini nostri, qui et Praecursorem per Prophetas missurum se promisit: et salutare suum, id est Verbum suum, visibile effecit omni fieri carni, incarnatum et ipsum, ut in omnibus manifestus fieret Rex eorum. Etenim ea quae judicantur, oportebat videre judicem, et scire hunc a quo judicantur: et ea quae gloriam consequuntur, oportebat scire eum, qui munus gloriae eis donat.

2. Iterum autem de Angelo dicens Matthaeus, ait: *Angelus* Matt. i. 20, *Domini apparuit Joseph in somnis.* Cujus Domini, ipse inter- et ii. 13. pretatur: *Uti adimpleatur quod dictum est a Domino per Pro-* Matt. ii. 15. *phetam: Ex Aegypto vocavi filium meum. Ecce Virgo in utero* Matt. i. 23. *accipiet, et pariet filium, et vocabunt nomen ejus Emmanuel, quod est interpretatum, Nobiscum Deus.* De hoc, qui est ex Virgine Emmanuel, dixit David: *Non avertas faciem Christi tui. Jura-* Psal. cxxxii. *vit Dominus David veritatem, et non ²spernet eum, de fructu ventris* 10, 11. *tui ponam super sedem tuam.* Et iterum: *Notus in Judaea Deus,* Psal. lxxvi. 1. *et factus est in pace locus ejus, et habitaculum ejus in Sion.* Unus igitur et idem Deus, qui a Prophetis praedicatus est, et ab Evangelio annuntiatus, et hujus Filius qui ex fructu ventris David, id

---

² 'dispernet, Harv.'

est, ex David Virgine, et Emmanuel: cujus et stellam Balaam quidem sic prophetavit: *Orietur stella ex Jacob, et surget dux in Israël.* Matthaeus autem Magos ab Oriente venientes ait dixisse: *Vidimus enim stellam ejus in Oriente, et venimus adorare eum :* deductosque a stella in domum Jacob ad Emmanuel, per ea quae obtulerunt munera ostendisse, quis erat qui adorabatur: Myrrham quidem, quod ipse erat, qui pro mortali humano genere moreretur et sepeliretur; Aurum vero, quoniam Rex, *cujus Regni finis non est;* Thus vero, quoniam Deus, qui et *notus in Judaea factus est,* et manifestus eis, qui non quaerebant eum.

3. Adhuc ait in Baptismate Matthaeus: *Aperti sunt* [3] *ei coeli, et vidit Spiritum Dei, quasi columbam, venientem super eum. Et ecce vox de coelo, dicens : Hic est Filius meus dilectus, in quo mihi bene complacui.* [4]Non enim Christus tunc descendit in Jesum: neque alius quidem Christus, alius vero Jesus: sed Verbum Dei, qui est Salvator omnium, et dominator coeli et terrae, qui est Jesus, ([5]quemadmodum ante ostendimus,) qui et assumpsit carnem, et unctus est a Patre Spiritu, Jesus Christus factus est: sicut et Esaias ait: *Exiet virga de radice Jesse, et flos de radice ejus ascendet, et requiescet super eum Spiritus Dei, spiritus sapientiae et intellectus, spiritus consilii et fortitudinis, spiritus scientiae et pietatis, et implebit eum spiritus timoris Dei. Non secundum gloriam judicabit, neque secundum loquelam arguet, sed judicabit humili judicium, et arguet gloriosos terrae.* Et iterum ipse Esaias unctionem ejus, et propter quid unctus est, praesignificans, ait: *Spiritus Dei super me, quapropter unxit me, evangelizare humilibus misit me, curare comminutos corde, praeconare captivis remissionem et caecis visionem, vocare annum Domini acceptabilem et diem retributionis, consolari omnes plangentes.* [6]Nam secundum id quod Verbum Dei homo erat, ex radice Jesse, et filius Abrahae, secundum hoc requiescebat Spiritus Dei super eum, et ungebatur ad evangelizandum humilibus. Secundum autem

Side notes:
Num. xxiv. 17.
Matt. ii. 2.
Luc. i. 33.
Psal. lxxvi. 1.
Matt. iii. 16.
Esa. xi. 1, seqq.
Esa. lxi. 1, seqq.

---

[3] [*ei*], Harv.   [4] non enim; cf. Cyr. Catech. x. 4.
[5] quemadmodum ante ostendimus, i. e. supr. vi.
[6] nam secundum; see Hooker, v. 54. § 6.

quod Deus erat, non secundum gloriam judicabat, neque secun-
dum loquelam arguebat : *Non enim opus erat illi,* [7]*ut quis testi-* Joan. ii. 25.
monium diceret de homine, cum ipse sciret quid esset in homine.
Advocabat autem omnes homines plangentes, et remissionem
his, qui a peccatis in captivitatem deducti erant, donans, solve-
bat eos à vinculis, de quibus ait Salomon : *Restibus autem* Prov. v. 22.
peccatorum suorum unusquisque constringitur. Spiritus ergo Dei
descendit in eum, ejus qui [8][eum] per Prophetas promiserat
uncturum se eum, ut de abundantia unctionis ejus nos percipientes salvaremur. Et sic quidem Matthaeus.

CHAPTER X.

After St. Matthew's Gospel consider those of St. Luke and St. Mark.
St. Luke shows, by the mention of Zacharias and Elizabeth, that the
same God who gave the Law gave the Gospel also. Christ is to reign
over the house of Jacob for ever. This Zacharias taught. He knew
nothing of the Gnostic notions. He believed that the knowledge of
salvation was the knowledge of Christ. Moreover, the Angels' hymn at
the birth of Christ proves the Gnostic hypothesis to be incorrect. The
song of Simeon and the words of Anna prove that the God of the two
Covenants is the same. And St. Mark's first (i. 1-3) and last (xvi. 19)
words prove the connection between the old and new Covenant. [To
understand this chapter it would be well for the student to read carefully
Book I. iv. v.]

i. Lucas autem sectator, et discipulus Apostolorum, de
Zacharia et Elizabeth, ex quibus secundum repromissionem
Dei Joannes natus est, referens ait : *Erant autem justi ambo ante* Luc. i. 6, 8.
Deum, incedentes in omnibus mandatis et justitiis Domini sine
querela. Et iterum de Zacharia dicens : *Factum est autem, cum*
sacerdotio fungeretur in ordine vicis suae ante Deum, secundum
consuetudinem sacerdotii, sorte exivit ut incensum poneret, et venit
uti sacrificaret, intrans in templum Domini. Qui praeest in
conspectu Domini, simpliciter, et absolute, et firme Deum et
Dominum confitens ex sua persona, eum qui elegerit Jerusalem,

---

[7] ' *ut quis ei,*' Harv.   [8] [eum], om. Harv.

et legisdationem sacerdotii fecerit, cujus est et Angelus Gabriel. Etenim alterum super hunc nesciebat : si enim intellectum perfectioris alicujus Dei et Domini, praeter hunc, habuisset, non utique hunc, quem sciebat labis esse fructum, absolute, et in totum, Dominum et Deum confiteretur, [1] sicut ante ostendimus.

Luc. i. 15, seqq.

Sed et de Joanne dicens, sic ait : *Erit enim magnus in conspectu Domini, et multos filiorum Israël convertet ad Dominum Deum ipsorum, et ipse praecedet in conspectu ejus, in spiritu et virtute Heliae, praeparare Domino plebem perfectam.* Cui ergo populum praeparavit, et in cujus Domini conspectu magnus factus est ?

Matt. xi. 9, 11.

Utique ejus qui dixit : *Quoniam et plus quam Propheta habuit aliquid Joannes, et nemo in natis mulierum major est Joanne* [2] *Baptista :* qui et populum praeparabat ad adventum Domini, conservis praenuntians, et poenitentiam ipsis praeconans, uti remissionem a Domino praesente perciperent, conversi ad eum, a quo propter peccata et transgressionem erant abalienati ;

Psal. lviii. 3.

quemadmodum et David ait : *Alienati sunt peccatores ab utero, erraverunt a ventre.* Et propter hoc convertens eos ad Dominum eorum, praeparabat Domino populum perfectum, in spiritu et virtute Heliae.

Luc. i. 26, 30.

2. Et iterum de Angelo referens ait : *In ipso autem tempore missus est Angelus Gabriel a Deo, qui et dixit Virgini : Noli timere, Maria, invenisti enim gratiam apud Deum.* Et de

Luc. i. 32, seqq.

Domino dicit : *Hic erit magnus, et filius Altissimi vocabitur, et dabit ei Dominus Deus thronum David patris sui, et regnabit in domo Jacob in aeternum, et Regni ejus non erit finis.* Quis est autem alius, qui regnat in domo Jacob sine intermissione in aeternum, nisi Christus Jesus Dominus noster, Filius Dei Altissimi, qui per Legem et Prophetas promisit salutarem suum facturum se omni carni visibilem, ut fieret Filius hominis, ad hoc ut et homo fieret filius Dei ? Propter quod [3] et exsultans

Luc. i. 46, 54, 55.

Maria, clamabat pro Ecclesia prophetans : *Magnificat anima mea Dominum, et exsultavit spiritus meus in Deo salutari meo.*

---

[1] sicut ante ostendimus, supra vi.

[2] Baptista, 'Baptisatore,' Harv.

[3] et exsultans, 'et' om. Harv.

Assumpsit enim Israël puerum suum, reminisci [4] *misericordiae : quemadmodum loquutus est ad patres nostros, Abrahae et semini ejus in aeternum.* Per haec igitur et tanta monstrat Evangelium, quoniam qui loquutus est patribus Deus, hic est qui per Moysem Legis donationem fecit, per quam [5] Legis donationem cognovimus, quoniam patribus loquutus est. Hic idem Deus secundum magnam bonitatem suam effudit misericordiam in nos, in qua misericordia *conspexit nos Oriens ex alto, et apparuit* Luc. i. 78, *his qui in tenebris, et umbra mortis sedebant, et direxit pedes* seqq. *nostros in viam pacis;* quemadmodum et Zacharias desinens mutus esse, quod propter infidelitatem passus fuerat, novello Spiritu adimpletus, nove benedicebat Deum. . Omnia enim nova aderant, Verbo nove disponente carnalem adventum, uti eum hominem, qui extra Deum abierat, adscriberet Deo: propter quod et nove Deum colere docebantur; sed non alium Deum, quoniam quidem *unus Deus, qui justificat circumcisionem ex fide,* Rom. iii. 30. *et praeputium per fidem.*

3. Prophetans autem Zacharias dicebat : *Benedictus Dominus* Luc. i. 68, *Deus Israël, quia visitavit, et fecit redemptionem populo suo. Et* seqq. *erexit cornu salutis nobis in domo David pueri sui. Sicut loquutus est per os sanctorum Prophetarum suorum, qui a saeculo sunt. Salutem ex inimicis nostris, et ex manu omnium qui oderunt nos. Ad faciendam misericordiam cum patribus nostris, et reminisci testamenti sancti sui. Jusjurandum quod juravit ad Abraham patrem nostrum, uti det nobis sine timore, ex manu inimicorum ereptos servire sibi in sanctitate et justitia in conspectu suo omnes dies nostros.* Deinde ad Joannem dicit : *Et tu, puer,* Luc. i. 76, *Propheta Altissimi vocaberis : praeibis enim ante faciem Domini* seqq. *parare vias ejus; ad dandum intellectum salutis populo ejus, in remissionem peccatorum eorum.* Haec enim est salutis agnitio, quae deerat eis, quae est Filii Dei, quam faciebat Joannes, dicens : *Ecce agnus Dei, qui aufert peccatum mundi. Hic erat* Joan. i. 29, *de quo dicebam : Post me venit vir, qui ante me factus est, quoniam* seqq.

---

[4] 'misericordiae suae,' Harv.
[5] legis donationem, 'legisdationem,' Harv.

Joan. i. 16. *prior me erat: Omnesque de plenitudine ejus accepimus.* Haec
itaque salutis agnitio; sed non alter Deus, nec alter Pater,
neque Bythus, neque Pleroma triginta Aeonum, nec mater
ogdoados: sed agnitio salutis erat agnitio Filii Dei, qui et salus,
et Salvator, et salutare vere et dicitur, et est. Salus quidem,
Genes. xlix. 18. sic: *In salutem tuam sustinui te, Domine.* Salvator autem
Esa. xii. 2. iterum: *Ecce Deus meus Salvator meus, fidens ero in eum.*
Psal. xcviii. 2. Salutare autem sic: *Notum fecit Deus salutare suum in conspectu
gentium.* Est enim Salvator quidem, quoniam Filius et Verbum
Thren. iv. 20. Dei; salutare autem, quoniam Spiritus: *Spiritus* enim, inquit,
faciei nostrae, Christus Dominus; Salus autem, quoniam caro:
Joan. i. 14. *Verbum enim caro factum est, et habitavit in nobis.* Hanc igitur
agnitionem salutis faciebat Joannes poenitentiam agentibus, et
credentibus in agnum Dei, qui tollit peccatum mundi.

Luc. ii. 8,
seqq.   4. *Apparuit,* inquit, *et pastoribus Angelus Domini annuntians
gaudium eis, quoniam generatus est in domo David Salvator,*
Luc. ii. 13,
seqq.   *qui est Christus Dominus. Deinde multitudo exercitus coelestis
laudantium Deum et dicentium: Gloria in excelsis Deo, et in
terra pax hominibus bonae voluntatis.* Hos Angelos falsarii
Gnostici dicunt ab ogdoade venisse, et descensionem superioris
Christi manifestasse. Sed corruunt iterum dicentes, eum qui
sursum sit, Christum et Salvatorem non natum esse, sed et post
Baptisma ejus, qui sit de dispositione, Jesu, ipsum sicut columbam in eum descendisse. Mentiuntur ergo ogdoados Angeli,
secundum eos, dicentes: *Quoniam generatus est hodie vobis
Salvator, qui est Christus Dominus, in civitate David.* Neque
enim Christus, neque Salvator tunc natus est secundum eos: sed
ille, [6] qui est de dispositione, Jesus, qui est mundi fabricatoris,
in quem post Baptisma descendisse, hoc est, post triginta annos,
supernum Salvatorem dicunt.

Εἰς τί δὲ καὶ τὸ ἐν πόλει Δαβὶδ προσέθηκαν, εἰ μὴ ἵνα τὴν

Quid autem *in civitate David* adposuerunt, nisi ut eam

---

[6] qui est de dispositione Jesu. The allusion is to the Marcosians;
vid. supr. I. xv. 3; see Neander, Church Hist. vol. ii. 154, 155 (Bohn's
edition).

ὑπὸ Θεοῦ γεγενημένην τῷ Δαβὶδ ὑπόσχεσιν, ὅτι ἐκ καρποῦ
τῆς κοιλίας αὐτοῦ αἰώνιός ἐστι βασιλεὺς, πεπληρωμένην εὐ-
αγγελίσωνται; ἣν ὁ Δημιουργὸς τοῦδε τοῦ παντὸς πεποίηται
ἐπαγγελίαν * * *

pollicitationem, quae a Deo facta est David, quoniam ex fructu
ventris ejus aeternus erit Rex, adimpletam evangelizarent?
Etenim fabricator totius universitatis fecerat promissionem
David, quemadmodum ipse David ait: *Adjutorium meum a* ^{Psal. vii. 11,}
Domino, qui fecit coelum et terram. Et iterum: *In manu ejus* ^{et cxxiv. 8.} ^{Psal. xcv. 4,}
fines terrae, et altitudines montium ipsius sunt. Quoniam ipsius ^{seqq.}
est mare, et ipse fecit illud, et aridam manus ejus fundaverunt.
Venite adoremus, et procidamus ante eum, et ploremus in con-
spectu Domini, qui fecit nos, quia ipse est Dominus Deus noster.
Manifeste pronuntians Spiritus sanctus per David audientibus
eum, quoniam erunt qui contemnant eum, qui plasmavit nos,
qui et solus est Deus. Propter quod et dicebat quae praedicta
sunt, significans: Quoniam ne erraveritis; praeter hunc, aut
super hunc, alius non est Deus, cui magis intendere oporteat;
religiosos nos et gratos praeparans in eum qui fecerit, et con-
stituerit, et enutriat. Quid ergo erit his, qui tantum blasphemiae
adversus suum factorem adinvenerunt? Hoc idem autem et
Angeli. In eo enim quod dicunt: *Gloria in altissimis Deo,*
et in terra pax; eum qui sit altissimorum, hoc est, super-
coelestium factor, et eorum quae super terram omnium con-
ditor, his sermonibus glorificaverunt: qui suo plasmati, hoc
est, hominibus, suam benignitatem salutis de coelo misit.
Propter quod et *Pastores*, ait, *revertebantur, glorificantes Deum in* ^{Luc. ii. 20.}
omnibus quae audierant et viderant, quemadmodum et narratum est
ad eos. Non enim alterum Deum glorificabant Israëlitae pastores, sed illum qui a Lege et Prophetis annuntiatus est, factorem omnium; quem et glorificabant Angeli. Si autem alterum
quidem Angeli, qui erant ab ogdoade, glorificabant, alterum
vero pastores; errorem eis et non veritatem detulerunt hi qui
ab ogdoade erant Angeli.

5. Adhuc ait Lucas de Domino: *Cum impleti essent dies* ^{Luc. ii. 22,} ^{seqq.}

purgationis, imposuerunt eum in Hierusalem, adstare Domino, quem-
admodum scriptum est in Lege Domini : Quoniam omne mascu-
linum adaperiens vulvam sanctum Domini vocabitur : et ut darent
sacrificium, secundum quod dictum est in Lege Domini, par tur-
turum, aut duos pullos columbarum ; ex sua persona manifestissime Dominum appellans eum qui legisdationem fecerit. Et

Luc. ii. 29,
seqq.
Simeon autem, inquit, *benedixit Deum, et ait : Nunc dimittis*
servum tuum, Domine, in pace ; quia viderunt oculi mei salutare
tuum : quod parasti ante faciem omnium populorum ; lumen [7] *ad*
Luc. ii. 36, 38. *revelationem Gentium, et gloriam populi tui Israël.*   Et *Anna*
autem *Prophetissa*, ait, similiter clarificabat Deum, videns
Christum ; *et loquebatur de eo omnibus, qui exspectabant re-*
demptionem Hierusalem.   Per haec autem omnia unus Deus
[8] demonstratur, novam libertatis dispositionem per novum adventum Filii [9] sui hominibus aperiens.

6. Quapropter et Marcus, interpres et [10] sectator Petri, ini-
Marc. i. 1,
seqq.
tium Evangelicae conscriptionis fecit sic : *Initium Evangelii*
Jesu Christi Filii Dei, quemadmodum scriptum est in Prophetis :
Ecce, mitto Angelum meum ante faciem tuam, qui praeparabit
viam tuam.   Vox clamantis in deserto : Parate viam Domini,
rectas facile semitas ante Deum nostrum.   Manifeste initium
Evangelii esse dicens sanctorum Prophetarum voces ; et eum,
quem ipsi Dominum et Deum confessi sunt, hunc Patrem
Domini nostri J ESUS C HRISTI praemonstrans, qui et promiserit ei
Angelum suum ante faciem ejus missurum ; qui erat Joannes,
Luc. i. 17. *in spiritu et virtute Heliae* clamans in eremo : *Parate viam*
Domini, rectas facite semitas ante Deum nostrum.   Quoniam
quidem non alium et alium Prophetae annuntiabant Deum,
sed unum et eundem, variis autem significationibus, et multis
appellationibus : multus enim et dives Pater, [11] quemadmodum
in eo libro qui ante hunc est, ostendimus ; et ex ipsis autem

---

[7] ad revelationem, ' in revelationem,' Harv.

[8] 'demonstratur, nullam [novam illam] libertatis dispositionem,' Harv.

[9] 'sui testamentum hominibus,' Harv.

[10] sectator Petri ; see Eus. iii. 39.

[11] quemadmodum in eo libro, i.e. II. xxxv. 3.

Prophetis procedente nobis sermone ostendemus. In fine autem Evangelii ait Marcus: *Et quidem Dominus Jesus, post-* Marc. xvi. 19; *quam loquutus est eis, receptus est in coelos, et sedet ad dexteram Dei;* confirmans quod a Propheta dictum est: *Dixit Dominus* Psal. cx. 1. *Domino meo: Sede a dextris meis, quoadusque ponam inimicos tuos suppedaneum pedum tuorum.* Sic quidem unus et idem Deus et Pater est, qui a Prophetis quidem annuntiatus, ab Evangelio vero traditus, quem Christiani colimus, et diligimus ex toto corde, factorem coeli et terrae, et omnium quae in eis sunt.

CHAPTER XI.

The same truth is proved from St. John's Gospel. He wrote against the errors of Cerinthus and the Nicolaitans. His first chapter disproves their heresies. All Gnostic errors are also refuted by him, especially those which they held about the true Humanity which the Son of God took unto Him, for St. John states that the Word Who was made flesh was He by Whom all things were made. John the Baptist, who was both Prophet and, in one sense, Apostle, identified Christ with the light and power that was superior to the Demiurgus of the Gnostics. His miracle at Cana proved this from the Gnostics' point of view. The Father and the Son reciprocally convey to man the knowledge of each other. Even from a mutilated Gospel, such as the Ebionites or Marcion possess, the truth might be learned. But, whatever heretics may say to the contrary, there are four Gospels, and four only. There are mystical reasons for this, which may have some weight; but all will allow that four distinct characteristics can be traced in the four holy Gospels, just as four distinct characteristics can be traced in God's dealings with the world. Heretics gain nothing by rejecting the Gospels which Christians receive, or by admitting spurious Gospels into their Canon.

1. HANC fidem annuntians Joannes Domini discipulus, volens per Evangelii annuntiationem auferre eum, qui a [1]Cerintho inseminatus erat hominibus, errorem, et multo prius ab his qui dicuntur Nicolaïtae, qui sunt vulsio ejus, quae falso cognominatur, [2]scientia, ut confunderet eos, et suaderet, quoniam unus Deus qui omnia fecit per Verbum suum; et non, quemad-

---

[1] For an account of Cerinthus, the Ebionites, and the Nicolaitans, see above, I. xxvi.

[2] scientia, 'scientiae,' Harv.

modum illi dicunt, alterum quidem fabricatorem, alium autem
Patrem Domini: et alium quidem fabricatoris filium, alterum
vero de superioribus, Christum, quem et impassibilem perseverasse, descendentem in Jesum filium fabricatoris, et iterum
revolasse in suum Pleroma: et initium quidem esse Mono-
genem, Logon autem verum filium Unigeniti: et eam conditionem, quae est secundum nos, non a primo Deo factam,
sed a Virtute aliqua valde deorsum subjecta, et abscissa ab
eorum communicatione, quae sunt invisibilia et innominabilia.
Omnia igitur talia circumscribere volens discipulus Domini,
et regulam veritatis constituere in Ecclesia, quia est unus Deus
omnipotens, qui per Verbum suum omnia fecit, et visibilia et
invisibilia; significans quoque, quoniam per Verbum, per quod
Deus perfecit conditionem, in hoc et salutem his qui in conditione sunt, praestitit hominibus; sic inchoavit in ea, quae est
secundum Evangelium, doctrina: *In principio erat Verbum, et*

Joan. i. 1,
seqq.

Verbum erat apud Deum, et Deus erat Verbum ; hoc erat in prin-
cipio apud Deum. Omnia per ipsum facta sunt, et sine ipso factum
est nihil. Quod factum est, in ipso vita erat, et vita erat lux
hominum, et lux in tenebris lucet, et tenebrae eam non compre-
henderunt. Omnia, inquit, *per ipsum facta sunt.* In *omnibus*
ergo est et haec, quae secundum nos est, conditio: non enim
concedetur eis, *omnia* dici ea, quae sunt infra Pleroma ipsorum.
Si enim et haec Pleroma ipsorum continet, [3] non extra est tanta
ista conditio, quemadmodum ostendimus in eo libro qui ante
hunc est; si autem extra Pleroma sunt haec, quod quidem
impossibile visum est, jam non est *omnia* Pleroma ipsorum:
non est ergo extra haec tanta conditio.

2. Abstulit autem a nobis dissensiones omnes ipse Joannes,
dicens: *In hoc mundo erat, et mundus per ipsum factus est, et*

Joan. i. 10,
11.

mundus eum non cognovit. In sua propria venit, et sui eum non
receperunt. Secundum autem Marcionem, et eos qui similes
sunt ei, neque mundus per eum factus est, neque in sua venit,
sed in aliena. Secundum autem quosdam Gnosticorum, ab
Angelis factus est iste mundus, et non per Verbum Dei. Se-

---

[3] 'non est ergo extra haec tanta,' Harv.

cúndum áutem eos, qui sunt a Valentino, iterum non per eum factus est, sed per Demiurgum. Hic enim operabatur similitudines tales fieri, ad imitationem eorum quae sunt sursum, quemadmodum dicunt: Demiurgus autem perficiebat fabricationem conditionis. Emissum enim dicunt eum a Matre Dominum, et Demiurgum ejus dispositionis, quae est secundum conditionem, per quem hunc mundum factum volunt: cum Evangelium manifeste dicat, quoniam per Verbum, quod in principio erat apud Deum, omnia· sunt facta: quod *Verbum,* Joan. i. 14. inquit, *caro factum est, et* ⁴*inhabitavit in nobis.*

3. Secundum autem illos, neque Verbum caro factum est, neque ·Christus, neque qui ex omnibus factus est, Salvator. Etenim Verbum et Christum nec advenisse in hunc mundum ·volunt: Salvatorem vero non incarnatum, neque passum; descendisse autem quasi columbam in eum Jesum, qui factus ⁵esset ex dispositione, et cum annuntiasset incognitum Patrem, iterum ascendisse in Pleroma. Incarnatum autem et passum quidam quidem eum, qui ex dispositione sit, dicunt Jesum, quem per Mariam dicunt pertransisse, quasi aquam per tubum; alii vero Demiurgi filium, in quem descendisse eum Jesum, qui ex dispositione sit: alii rursum Jesum quidem ex Joseph et Maria natum dicunt, et in hunc descendisse Christum, qui de superioribus sit, sine carne et impassibilem exsistentem. Secundum autem nullam sententiam haereticorum, Verbum Dei caro factum est. Si enim quis regulas ipsorum omnium perscrutetur, inveniet quoniam sine carne, et impassibilis ab omnibus illis inducitur Dei Verbum, et qui est in superioribus Christus. Alii enim putant manifestatum eum, quemadmodum hominem transfiguratum; neque autem natum, neque incarnatum dicunt illum: alii vero neque figuram eum assumpsisse hominis; sed quemadmodum columbam descendisse in eum Jesum, qui natus est ex Maria. Omnes igitur illos falsos testes ostendens discipulus Domini, ait: *Et Verbum caro factum est, et* ⁴*inhabitavit in nobis.*

4. Et ut' non inquiramus, cujus Dei Verbum caro factum est, ipse insuper docet, dicens: *Fuit homo missus a Deo;· erat ei* Joan. i. 6-8.

⁴ '*habitavit*,' Harv.   ⁵ '*est*,' Harv.

nomen Joannes : hic venit in testimonium, ut testaretur de lumine.
Non erat ipse lumen, sed ut testaretur de lumine. Praecursor
igitur Joannes, qui testatur de lumine, a quo Deo missus est?
Utique ab eo, cujus Gabriel est Angelus, qui etiam evangelizavit
generationem ejus : qui et per Prophetas promisit Angelum
suum missurum ante faciem Filii sui, et praeparaturum viam
ejus, hoc est, testificaturum de lumine, *in spiritu et virtute Heliae.*
Helias autem rursus cujus Dei servus et Propheta fuit? Ejus
qui fecit coelum et terram, quemadmodum et ipse confitetur.
A conditore igitur et fabricatore hujus mundi missus Joannes,
quemadmodum poterat testificari de eo lumine, quod ex his
quae sunt innominabilia et invisibilia descenderit? Omnes
enim haeretici decreverunt, Demiurgum ignorare eam quae sit
super eum Virtutem, cujus testis et ostensor invenitur Joannes.
Propter hoc Dominus *plus quam prophetam* dixit eum habuisse.
Reliqui enim omnes Prophetae annuntiaverunt adventum paterni
luminis; concupierunt autem digni esse videre eum quem praedicabant: Joannes autem et praenuntiavit similiter sicut alii, et
advenientem vidit, et demonstravit, et credere in eum suasit
multis, ita ut ipse et Prophetae, et Apostoli locum habuerit.
[6] Hic est enim plus quam Propheta: quoniam *primo Apostoli,*
secundo Prophetae; omnia autem ex uno et eodem ipso Deo.

5. [7] Bonum enim et illud quod per conditionem a Deo in
vinea factum est, et primo bibitum est, vinum. Nemo enim
illud vituperavit ex his qui biberunt; sed et Dominus accepit de
eo : melius autem quod per Verbum [8] compendialiter ac simpliciter ex aqua ad usum eorum, qui ad nuptias convocati erant,
factum est vinum. Quamvis enim possit Dominus ex nullo
subjacente eorum quae sunt conditionis, praebere epulantibus

Marc. i. 2, ex
Malach. iii. 1,

Luc. i. 17,
3 Reg. xvii. 1,
et xviii. 15.

Matt. xi. 9,
et Luc. vii. 26.

1 Cor. xii. 28.

Joan. ii. 3.
seqq.
Joan. vi, 11.

[6] 'hoc,' Harv.

[7] bonum enim. The connection here is so obscure, that we cannot
help supposing some of the text to have been lost. In the heading to the
chapter an attempt has been made to supply the connection. The reference
seems to be to the words in the last section : 'Omnes enim haeretici decreverunt, Demiurgum ignorare eam quae sit super eum Virtutem.' St. Irenaeus
apparently identifies the Word with this Power, which was supposed to be
superior to the Demiurge. [8] compendialiter; see Glossary.

vinum, et esca complere esurientes, hoc quidem non fecit : accipiens autem eos qui a terra essent panes, et gratias agens, et iterum aquam faciens vinum, saturavit eos qui recumbebant, et potavit eos qui invitati erant ad nuptias : ostendens quoniam Deus, qui fecit terram, et jussit eam fructus ferre, et constituit aquas, et edidit fontes, hic et benedictionem escae, et gratiam potus, in novissimis temporibus per Filium suum donat humano generi, incomprehensibilis per comprehensibilem, et invisibilis per visibilem; cum extra eum non sit, sed in sinu Patris exsistat.

6. *Deum enim*, inquit, *nemo vidit unquam, nisi unigenitus* Joan. i. 18. *Filius Dei, qui est in sinu Patris, ipse enarravit.* Patrem enim invisibilem exsistentem ille, qui in sinu ejus est, Filius omnibus enarrat. Propter hoc cognoscunt eum hi, quibus revelaverit Filius : et iterum Pater per Filium, Filii sui dat agnitionem his, qui diligunt eum. A quo et Nathanael discens cognovit, cui et testimonium reddidit Dominus, quoniam *verus Israelita est, in* Joan. i. 47. *quo dolus non est.* Cognovit Israelites suum Regem ; [9] et ait ei : Joan. i. 49. *Rabbi, tu es Filius Dei, tu es Rex Israel.* A quo et Petrus Joan. vi. 69. edoctus, cognovit Christum Filium Dei vivi, dicentis : *Ecce* Matt. xii. 18, *Filius meus dilectissimus, in quo bene sensi : ponam Spiritum* seqq., ex Esa. xlii. 1, seqq. *meum super eum, et judicium Gentibus annuntiabit. Non contendet neque clamabit, neque quisquam audiet vocem ejus in plateis : calamum quassatum non confringet, et linum fumigans non extinguet, usquequo emittat in contentionem judicium, et in nomine ejus Gentes sperabunt.*

7. Et haec quidem sunt principia Evangelii, unum Deum fabricatorem hujus universitatis, eum qui et per Prophetas sit annuntiatus, et qui per Moysem Legis dispositionem fecerit, Patrem Domini nostri Jesu Christi annuntiantia, et praeter hunc alterum Deum nescientia, neque alterum Patrem. Tanta est autem circa Evangelia haec firmitas, ut et ipsi haeretici testimonium reddant eis, et ex ipsis egrediens unusquisque eorum conetur suam confirmare doctrinam. Ebionei etenim eo Evangelio, quod est secundum Matthaeum, solo utentes, ex illo ipso convincuntur, non recte praesumentes de Domino. Marcion

---

[9] 'in quo et ait,' Harv.

autem id quod est secundum Lucam circumcidens, ex his quae adhuc servantur penes eum, blasphemus in solum exsistentem Deum ostenditur. Qui autem Jesum separant a Christo, et impassibilem perseverasse Christum, passum vero Jesum dicunt, id quod secundum Marcum est praeferentes Evangelium, cum amore veritatis legentes illud, corrigi possunt. Hi autem qui a Valentino sunt, eo quod est secundum Joannem plenissime utentes, ad ostensionem conjugationum suarum; ex ipso detegentur nihil recte dicentes, quemadmodum ostendimus in primo libro. Cum ergo hi, qui contradicunt, nobis testimonium perhibeant, et utantur his, firma et vera est nostra de illis ostensio.

8. Neque autem plura numero quam haec sunt, neque rursus pauciora capit esse Evangelia.

Ἐπειδὴ * * τέσσαρα κλίματα τοῦ κόσμου, ἐν ᾧ ἐσμὲν, εἰσὶ, καὶ τέσσαρα καθολικὰ πνεύματα, κατέσπαρται δὲ ἡ ἐκκλησία ἐπὶ πάσης τῆς γῆς, στύλος δὲ καὶ στήριγμα ἐκκλησίας τὸ εὐαγγέλιον, καὶ πνεῦμα ζωῆς· εἰκότως τέσσαρας ἔχειν αὐτὴν στύλους, πανταχόθεν πνέοντας τὴν ἀφθαρσίαν, καὶ ἀναζωπυροῦντας τοὺς ἀνθρώπους. ἐξ ὧν φανερὸν, ὅτι ὁ τῶν ἀπάντων τεχνίτης Λόγος, ὁ καθήμενος ἐπὶ τῶν χερουβὶμ, καὶ συνέχων τὰ πάντα, φανερωθεὶς τοῖς ἀνθρώποις, ἔδωκεν ἡμῖν τετράμορφον τὸ εὐαγγέλιον, ἐνὶ δὲ πνεύματι συνεχόμενον. Καθὼς ὁ Δαβὶδ αἰτούμενος αὐτοῦ τὴν παρουσίαν, φησίν· ὁ καθήμενος ἐπὶ τῶν Χερουβὶμ, ἐμφάνηθι. Καὶ γὰρ τὰ Χερουβὶμ τετραπρόσωπα· καὶ τὰ πρό-

Quoniam enim quatuor regiones mundi sunt in quo sumus, et quatuor principales spiritus, et [10] disseminata est Ecclesia super omnem terram, columna autem et firmamentum Ecclesiae est Evangelium, et spiritus vitae; consequens est, quatuor habere eam columnas, undique flantes incorruptibilitatem, et vivificantes homines. Ex quibus manifestum est, quoniam qui est omnium artifex Verbum, qui sedet super Cherubim, et continet omnia, declaratus hominibus, dedit nobis quadriforme Evangelium, quod uno spiritu continetur. Quemadmodum et David postulans ejus

Psal. lxxx, 1. adventum, ait: *Qui sedes super Cherubim, appare.* Etenim Cheru-

---

[10] 'deseminata,' Harv.

σωπα αὐτῶν, εἰκόνες τῆς πραγματείας τοῦ Υἱοῦ τοῦ Θεοῦ. Τὸ
μὲν γὰρ πρῶτον ζῶον, φησὶ, ὅμοιον λέοντι, τὸ ἔμπρακτον αὐτοῦ,
καὶ ἡγεμονικὸν, καὶ βασιλικὸν χαρακτηρίζον· τὸ δὲ δεύτερον
ὅμοιον μόσχῳ, τὴν ἱερουργικὴν καὶ ἱερατικὴν τάξιν ἐμφαῖνον·
τὸ δὲ τρίτον ἔχον πρόσωπον ἀνθρώπου, τὴν κατὰ ἄνθρωπον
αὐτοῦ παρουσίαν φανερώτατα διαγράφον· τὸ δὲ τέταρτον ὅμοιον
ἀετῷ πετωμένῳ, τὴν τοῦ πνεύματος ἐπὶ τὴν ἐκκλησίαν ἐφιπτα-
μένου δόσιν σαφηνίζον. Καὶ τὰ εὐαγγέλια οὖν τούτοις σύμ-
φωνα, ἐν οἷς ἐγκαθέζεται [11]Χριστός. Τὸ μὲν γὰρ κατὰ Ἰωάννην,
τὴν ἀπὸ τοῦ Πατρὸς ἡγεμονικὴν αὐτοῦ, * * καὶ ἔνδοξον γενεὰν
διηγεῖται, λέγον· ἐν ἀρχῇ ἦν ὁ Λόγος, [12][καὶ ὁ Λόγος ἦν πρὸς
τὸν Θεὸν, καὶ ὁ Θεὸς ἦν ὁ Λόγος.] Καὶ, πάντα δι᾽ αὐτοῦ
ἐγένετο· καὶ χωρὶς αὐτοῦ ἐγένετο οὐδὲ ἕν. * * * Τὸ δὲ κατὰ
Λουκᾶν, ἅτε ἱερατικοῦ χαρακτῆρος ὑπάρχον, ἀπὸ τοῦ Ζαχαρίου
τοῦ ἱερέως θυμιῶντος τῷ Θεῷ ἤρξατο. ἤδη γὰρ ὁ σιτευτὸς
ἡτοιμάζετο μόσχος, ὑπὲρ τῆς ἀνευρέσεως τοῦ νεωτέρου παιδὸς

bim quadriformia; et formae ipsorum, imagines sunt dispositionis
Filii Dei. *Primum enim animal,* inquit, *simile leoni,* efficabile ejus, Apocal. iv. 7.
et principale, et regale significans : *Secundum* vero *simile vitulo,*
sacrificalem et sacerdotalem ordinationem significans ; *Tertium*
vero [13]*habens faciem quasi humanam,* [14]eum, qui est secundum
hominem, adventum ejus manifeste describens : *Quartum* vero
simile aquilae volantis, Spiritus in Ecclesiam advolantis gratiam
manifestans. Et Evangelia igitur his consonantia, in quibus in-
sidet Christus Jesus. Aliud enim illam, quae est a Patre, princi-
palem, et efficabilem, et gloriosam generationem ejus enarrat,
dicens sic : *In principio erat Verbum, et Verbum erat apud Deum,* Joan. i. 1,
seqq.
et Deus erat Verbum. Et : *Omnia per ipsum facta sunt, et sine ipso*
factum est nihil. Propter hoc et omni fiducia plenum est Evangelium istud ; talis est enim persona ejus. Id vero, quod est
secundum Lucam, quoniam quidem sacerdotalis characteris est,
a Zacharia sacerdote sacrificante Deo inchoavit. Jam enim
saginatus parabatur vitulus, qui pro inventione minoris filii

---

[11] Χριστός [Int. Ἰησοῦς], Harv.   [12] καὶ ... ἦν ὁ Λόγος, om. Harv.
[13] ‘ *animal habens,*’ Harv.   [14] eum, om. Harv.

μέλλων θύεσθαι. Ματθαῖος δὲ τὴν κατὰ ἄνθρωπον αὐτοῦ γέννησιν κηρύττει, λέγων· Βίβλος γενέσεως Ἰησοῦ Χριστοῦ υἱοῦ Δαβὶδ, υἱοῦ Ἀβραάμ. Καὶ, τοῦ δὲ Ἰησοῦ Χριστοῦ ἡ γέννησις οὕτως ἦν· ἀνθρωπόμορφον οὖν τὸ εὐαγγέλιον τοῦτο. * * Μάρκος δὲ ἀπὸ τοῦ προφητικοῦ πνεύματος, τοῦ ἐξ ὕψους ἐπιόντος τοῖς ἀνθρώποις, τὴν ἀρχὴν ἐποιήσατο, λέγων· Ἀρχὴ τοῦ εὐαγγελίου Ἰησοῦ Χριστοῦ, ὡς γέγραπται ἐν Ἡσαΐα τῷ προφήτῃ· τὴν πτερωτικὴν εἰκόνα τοῦ εὐαγγελίου δεικνύων. διὰ τοῦτο δὲ καὶ σύντομον καὶ παρατρέχουσαν τὴν καταγγελίαν πεποίηται· προφητικὸς γὰρ ὁ χαρακτὴρ οὗτος. Καὶ αὐτὸς δὲ ὁ Λόγος τοῦ Θεοῦ τοῖς μὲν πρὸ Μωυσέως· πατριάρχαις, κατὰ τὸ θεϊκὸν, καὶ ἔνδοξον ὡμίλει· τοῖς δὲ ἐν τῷ νόμῳ, [15]ἱερατικὴν * * * τάξιν [16]ἀπένεμεν· μετὰ δὲ ταῦτα ἄνθρωπος γενόμενος, τὴν δωρεὰν τοῦ ἁγίου Πνεύματος εἰς πᾶσαν ἐξέπεμψε τὴν γῆν, σκεπάζων ἡμᾶς ταῖς ἑαυτοῦ πτέρυξιν. Ὁποία οὖν ἡ πραγματεία τοῦ Υἱοῦ τοῦ Θεοῦ, τοιαύτη καὶ τῶν ζώων ἡ μορφή· καὶ ὁποία ἡ τῶν ζώων

inciperet mactari. Matthaeus vero eam, quae est secundum

Matt. i. 1, 18. hominem, generationem ejus enarrat: *Liber*, dicens, *generationis Jesu Christi, filii David, filii Abraham.* Et iterum: *Christi autem generatio sic erat.* Humanae formae igitur hoc Evangelium: propter hoc et per totum Evangelium humiliter sentiens, et mitis homo servatus est. Marcus vero a Prophetico

Marc. i. 1. Spiritu, ex alto adveniente hominibus, initium fecit: *Initium*, dicens, *Evangelii, quemadmodum scriptum est in Esaia Propheta;* volatilem et pennatam imaginem Evangelii monstrans: propter hoc et compendiosam et praecurrentem annuntiationem fecit: Propheticus enim character est hic. Et ipsum autem Verbum Dei, illis quidem qui ante Moysem fuerunt Patriarchis, secundum divinitatem et gloriam colloquebatur: his vero qui in Lege, sacerdotalem et ministerialem actum praebebat: post deinde nobis homo factus, munus coelestis Spiritus in omnem misit terram, protegens nos alis suis. Qualis igitur dispositio Filii Dei, talis et animalium forma: et qualis animalium forma,

---

[15] ἱερατικὴν, suppl. καὶ λειτουργικὴν, Harv.
[16] ἀπένεμεν, ἀπένειμεν, Harv.

μορφῇ, τοιοῦτος καὶ ὁ χαρακτὴρ τοῦ εὐαγγελίου. Τετράμορφα γὰρ τὰ ζῶα, τετράμορφον καὶ τὸ εὐαγγέλιον, καὶ ἡ πραγματεία τοῦ Κυρίου. καὶ διὰ τοῦτο τέσσαρες ἐδόθησαν καθολικαὶ διαθῆκαι τῇ ἀνθρωπότητι· μία μὲν τοῦ κατακλυσμοῦ τοῦ Νῶε, ἐπὶ τοῦ τόξου· δευτέρα δὲ τοῦ Ἀβραὰμ, ἐπὶ τοῦ σημείου τῆς περιτομῆς· τρίτη δὲ ἡ νομοθεσία ἐπὶ τοῦ Μωυσέως· τετάρτη δὲ ἡ τοῦ εὐαγγελίου, διὰ τοῦ Κυρίου ἡμῶν Ἰησοῦ Χριστοῦ.

9. Τούτων δὲ οὕτως ἐχόντων, μάταιοι πάντες καὶ ἀμαθεῖς, προσέτι δὲ καὶ τολμηροὶ, οἱ ἀθετοῦντες τὴν ἰδέαν τοῦ εὐαγγελίου, καὶ εἴτε πλείονα, εἴτε ἐλάττονα τῶν εἰρημένων παρεισφέροντες εὐαγγελίων πρόσωπα· οἱ μὲν, ἵνα πλείονα δόξωσι τῆς ἀληθείας ἐξευρηκέναι· οἱ δὲ ἵνα τὰς οἰκονομίας τοῦ Θεοῦ ἀθετήσωσιν.

talis et character Evangelii. Quadriformia autem animalia, et quadriforme Evangelium, et quadriformis dispositio Domini. Et propter hoc quatuor data sunt testamenta humano generi; unum quidem ante cataclysmum sub Adam; secundum vero, post cataclysmum sub Noe; tertium vero, legislatio sub Moyse; quartum vero, quod renovat hominem, et recapitulat in se omnia, quod est per Evangelium, elevans et pennigerans homines in coeleste Regnum.

9. His igitur sic se habentibus, vani omnes, et indocti, et insuper audaces, qui frustrantur speciem Evangelii, et vel plures quam dictae sunt, vel rursus pauciores inferunt personas Evangelii: quidam ut plus videantur quam est veritatis adinvenisse: quidam vero, ut reprobent dispositiones Dei. Etenim Marcion totum rejiciens Evangelium, immo [17] vere seipsum abscindens ab Evangelio, [18] pariter gloriatur se habere Evangelium: alii vero ut donum Spiritus frustrentur, quod in novissimis temporibus secundum placitum Patris effusum est in humanum genus, illam speciem non admittunt, quae est secundum Joannis Evangelium, Joan. xiv. 16–26; xv. 26; xvi. 7. in qua Paracletum se missurum Dominus promisit; sed simul et Evangelium, et Propheticum repellunt Spiritum: infelices vere, qui Pseudo-prophetae quidem esse volunt; [19] propheticam

---

[17] 'vero,' Harv.   [18] pariter, 'partem...Evangelii,' Harv.

[19] propheticam, 'prophetiae,' Harv.

vero gratiam repellunt ab Ecclesia: similia patientes his, qui
propter eos qui in hypocrisi veniunt, etiam a fratrum communicatione se .abstinent.   Datur autem intelligi, quod hujusmodi
neque Apostolum Paulum recipiant.   In ea enim epistola, quae
1 Cor. xi. 4, 5. est ad Corinthios, de propheticis charismatibus diligenter lo-
qûutus est, et scit viros et mulieres in Ecclesia prophetantes.
Matt. xii. 31. Per haec igitur omnia peccantes in Spiritum Dei, in irremissibile
incidunt peccatum.   Hi vero, qui sunt a Valentino, iterum exsistentes extra omnem timorem, suas conscriptiones proferentes,
plura habere gloriantur, quam sint ipsa Evangelia.   Siquidem
in tantum processerunt audaciae, uti quod ab his non olim con-
scriptum est, *Veritatis Evangelium* titulent, in nihilo conveniens
Apostolorum Evangeliis, ut nec Evangelium quidem sit apud
eos sine blasphemia.   Si enim, quod ab· eis profertur, veritatis
est Evangelium, dissimile est autem hoc illis, quae ab Apostolis nobis tradita sunt; qui volunt, possunt discere, quemadmodum ex ipsis Scripturis ostenditur, jam non esse id, quod ab
Apostolis traditum est, veritatis Evangelium. . Quoniam autem
sola illa vera et firma, et non capit neque plura,. praeterquam
praedicta sunt, neque pauciora esse Evangelia, per tot et tanta
ostendimus.   Etenim cum omnia composita et apta Deus fecerit, oportebat et speciem Evangelii bene compositam, et bene
compaginatam esse.   Examinata igitur sententia eorum qui
nobis tradiderunt Evangelium, ex ipsis principiis ipsorum, veni-
amus et ad reliquos Apostolos, et perquiramus sententiam eorum
de Deo: post deinde, ipsos Domini sermones audiamus.

CHAPTER XII.

But besides the Evangelists we have the testimonies of other Apostles.
St. Peter testifies that the God Who spake by the prophets of old in-
spired the prophets of the New Covenant.   He taught men to believe in
the same God and Father Whom the Prophets had taught.   He taught
what David foretold, that one and the same Christ died and rose from
the dead.   He shewed that Christ was the Prophet foretold by those of
old,. and that the miracles wrought by the Apostles were done by the
agency of Christ, the chief corner-stone of the Church.   Certain cavils
being noticed, St. Irenaeus goes on to shew, from St. Peter's conversation

with Cornelius, that the God whom the Jews served was the true God.
St. Philip the deacon preached faith in one God, and in His only Son
Jesus Christ. In fact, St. Paul's preaching and St. Stephen's address all
prove Catholic faith to be true. The teaching of the Apostles is perfectly
consistent. Heretics start with a wilful prejudice against the truth. No
wonder then that they blaspheme. They ought to remember how the
Apostles died for the truth. Their martyrdom, to say the very least, is
evidence that they did not borrow their doctrines from man. St. Irenaeus
now recurs to the decrees of the Council of Jerusalem, and to the quasi-
Jewish lives of the first Apostles, to shew that at any rate the early
pioneers of the Christian faith did not consider the Old Dispensation
contrary to the New *.

1. PETRUS igitur Apostolus post resurrectionem Domini, et
assumptionem in coelos, volens adimplere duodecim Apostolorum numerum, et allegere pro Juda alterum, qui electus esset
a Deo, ¹ ex his qui aderant, dixit : *Viri fratres, oportebat impleri* Act. i. 16,
Scripturam hanc, quam praedixit Spiritus sanctus ore David de seqq.
Juda, qui factus est dux his, qui apprehenderunt Jesum, quoniam
annumeratus fuit inter nos : Fiat habitatio ejus deserta, et non sit Psal. lxix.
qui inhabitet in ea ; et, episcopatum ejus accipiat alter : 25.
Psal. cix. 8.

τὴν ἀναπλήρωσιν τῶν Ἀποστόλων ἐκ τῶν ὑπὸ Δαβὶδ εἰρημένων
ποιούμενος.

*   *   *   *   *   *

Ὁ οὖν διὰ τοῦ προφήτου ἐπαγγειλάμενος Θεὸς πέμψειν τὸ
Πνεῦμα αὐτοῦ ἐπὶ τὴν ἀνθρωπότητα, οὗτος καὶ ἔπεμψε· καὶ
Θεὸς ὑπὸ Πέτρου καταγγέλλεται τὴν ἰδίαν ἐπαγγελίαν πε-
πληρωκώς.

adimpletionem Apostolorum ex his quae a David dicta sunt,
faciens. Rursus cum Spiritus sanctus descendisset in disci- Act. ii. 4,
pulos, uti omnes prophetarent, et loquerentur linguis, et quidam seqq.
irriderent eos, quasi a musto ebrios ; dixit Petrus, non ebrios
quidem illos esse, cum sit hora tertia diei ; esse autem hoc
quod dictum est per Prophetam : *Erit in novissimis diebus, dicit* Joël. ii. 28

. * On this last point compare Pascal, Pensées, 2nd Part, Art. xiv, ' que.
les vrais Chrétiens et les vrais Juifs n'ont qu'une même religion.'
   ¹ ex his, ' ex ' om. Harv.

Dominus, effundam de Spiritu meo in omnem carnem, et propheta-
bunt. Deus igitur, qui per Prophetam promisit missurum se
Spiritum suum in humanum genus, ipse et ²misit ei: et ipse
Deus a Petro annuntiatur suam promissionem adimplesse.

Act. ii. 22. 2. *Viri* enim, inquit Petrus, *Israelitae, audite sermones meos :*
Jesum Nazarenum, virum approbatum a Deo in vobis virtutibus,
et prodigiis, et signis, quae fecit per ipsum Deus in medio vestrum,
quemadmodum ipsi scitis; hunc definito consilio, et praescientia
Dei traditum per manus iniquorum affigentes interfecistis; quem
Deus excitavit, solutis doloribus inferorum, quoniam non erat pos-
Psal. xvi. 8,
seqq. *sibile teneri eum ab eis. David enim dicit in ipsum: Providebam*
Dominum in conspectu meo semper, quoniam a dextris meis est, ne
movear. Propter hoc laetatum est cor meum, et exsultavit lingua
mea ; insuper et caro mea requiescet in spe. Quoniam non dere-
linques animam meam in inferno, neque dabis sanctum tuum videre
corruptionem. Dehinc rursum fiducialiter illis dicit de Patriarcha
David, quoniam mortuus est, et sepultus, et sepulcrum ejus sit
Act. ii. 30,
seqq.
Psal. cxxxii.
11. apud eos usque in hunc diem. *Propheta autem,* inquit, *cum*
esset, et sciret quoniam jurejurando ei juravit Deus, de fructu
ventris ejus sedere in throno ejus ; providens locutus est de resurrec-
tione Christi, quoniam neque derelictus est apud inferos, neque caro
ejus vidit corruptionem. Hunc Jesum, inquit, *excitavit Deus, cujus*
nos omnes sumus testes : qui dextera Dei exaltatus, repromissionem
sancti Spiritus accipiens a Patre, effudit donationem hanc, quam
Psal. cx. 1. *vos nunc videtis, et auditis. Non enim David ascendit in coelos ;*
dicit autem ipse : Dixit Dominus Domino meo, sede ad dexteram
meam, quoadusque ponam inimicos tuos suppedaneum pedum tuorum.
Certissime ergo sciat omnis domus Israel, quoniam et Dominum
eum, et Christum Deus fecit hunc Jesum, quem vos crucifixistis.
Act. ii. 37, 38. Cum dixissent igitur turbae : *Quid ergo faciemus ?* Petrus ad
eos ait : *Poenitentiam agite, et baptizetur unusquisque vestrum in*
nomine Jesu, in remissionem peccatorum ; et accipietis donum Spi-
ritus sancti.

＊ ＊ οὐκ ἄλλον Θεὸν ＊ ＊ κατήγγελλον οἱ ἀπόστολοι· οὐδὲ
Sic non alium Deum, nec aliam Plenitudinem annuntiabant

² 'misit [ei],' Harv.

ἄλλον μὲν παθόντα καὶ ἐγερθέντα Χριστὸν, ἄλλον δὲ τὸν ἀναστήσαντα καὶ ἀπαθῆ διαμεμενηκότα· ἀλλ' ἕνα καὶ τὸν αὐτὸν Θεὸν, καὶ Σωτῆρα, καὶ Χριστὸν Ἰησοῦν, τὸν ἐκ νεκρῶν ἐγερθέντα· καὶ τὴν εἰς αὐτὸν πίστιν ἐκήρυσσον τοῖς μὴ πιστεύουσιν εἰς τὸν Υἱὸν τοῦ Θεοῦ· καὶ ἐκ τῶν προφητῶν συνεβίβαζον αὐτοὺς, ὅτι ὃν ἐπηγγείλατο ὁ Θεὸς πέμψειν Χριστὸν, ἔπεμψε τὸν Ἰησοῦν, ὃν αὐτοὶ ἐσταύρωσαν, καὶ Θεὸς ἤγειρε.

Apostoli; nec alterum quidem passum et resurgentem Christum, alterum vero qui sursum volaverit, et impassibilis perseveraverit; sed unum et eundem Deum Patrem, et Christum Jesum, qui a mortuis resurrexit; et eam, quae in eum est, fidem annuntiabant his qui non credebant in Filium Dei; et ex Prophetis cohortabantur eos, quoniam eum, quem promisit se Deus missurum Christum, misit Jesum, quem ipsi crucifixerunt, quem Deus excitavit.

3. Rursus cum Petrus simul cum Joanne vidisset eum, qui a   Act. iii. 2. nativitate claudus erat, ante portam Templi, quae dicitur speciosa, sedentem et petentem eleemosynam, dixit ei: *Argentum*   Act. iii. 6, seqq. *et aurum non est mihi; quod autem habeo, hoc tibi do: In nomine Jesu Christi Nazareni surge, et ambula. Et statim ejus confirmati sunt gressus et plantae, et ambulabat, et introivit cum ipsis in Templum, ambulans et saliens et glorificans Deum.* Multitudine autem universa collecta ad eos propter inopinatum factum, Petrus dixit eis: *Viri Israelitae, quid miramini in hoc, et nos*   Act. iii. 12, *quid intuemini, quasi nostra virtute fecerimus hunc ambulare?* seqq. *Deus Abraham, Deus Isaac, et Deus Jacob, Deus patrum nostrorum, glorificavit Filium suum, quem vos quidem tradidistis in judicium, et negastis ante faciem Pilati, cum remittere eum vellet. Vos autem sanctum et justum aggravastis, et petistis virum homicidam donari vobis: ducem autem vitae occidistis, quem Deus excitavit a mortuis, cujus nos testes sumus. Et in fide nominis ejus hunc quem videtis et scitis, confirmavit nomen ejus, et fides, quae est per ipsum, dedit ei incolumitatem coram vobis omnibus. Et nunc, fratres, scio quoniam secundum ignorantiam*

fecistis nequam. Deus autem quae praedixit ore omnium Prophetarum, pati Christum suum, adimplevit. Poenitentiam igitur agite, et convertimini, uti deleantur peccata vestra, et veniant vobis tempora refrigerii a facie Domini; et mittat praeparatum vobis Jesum Christum, quem oportet quidem coelum suscipere usque ad tempora dispositionis omnium, quae locutus est Deus per sanctos Prophetas suos. Moyses quidem dicit ad patres nostros:

Deut. xviii. 15.

Quoniam Prophetam excitabit vobis Dominus Deus vester ex fratribus vestris, quemadmodum me; ipsum audietis in omnibus quaecumque locutus fuerit ad vos. Erit autem: omnis anima, quaecumque non audierit Prophetam illum, peribit de populo. Et omnes a Samuel et deinceps, quotquot locuti sunt, et annuntiaverunt dies istos. Vos estis filii Prophetarum, et testamenti quod Deus

Gen. xxii. 18.

disposuit ad patres nostros, dicens ad Abraham: Et in semine tuo benedicentur omnes tribus terrae. Vobis primum Deus excitans Filium suum misit benedicentem vos, ut convertat se unusquisque a nequitiis suis.

Φανερὸν τὸ κήρυγμα, ὃ Πέτρος σὺν Ἰωάννῃ ἐκήρυσσεν αὐτοῖς, τὴν ὑπόσχεσιν, ἣν ἐποιήσατο ὁ Θεὸς τοῖς πατράσι, δι᾽ Ἰησοῦ πεπληρῶσθαι εὐαγγελιζόμενος· ἀλλ᾽ οὐκ ἄλλον Θεὸν καταγγέλλων, ἀλλὰ τὸν Υἱὸν τοῦ Θεοῦ, τὸν καὶ ἄνθρωπον γεγονότα καὶ παθόντα, εἰς ἐπίγνωσιν ἄγων ³ τὸν Ἰσραήλ, καὶ ἐν Ἰησοῦ τὴν ἀνάστασιν τῶν νεκρῶν κηρύσσων, καὶ σημαίνων, ὅτι ὅσα οἱ προφῆται κατήγγειλαν περὶ τοῦ πάθους τοῦ Χριστοῦ, ταῦτα ἐπλήρωσεν ὁ Θεός.

Manifestum ergo praeconationem Petrus cum Joanne praeconavit eis, repromissionem, quam fecit Deus patribus, per Jesum adimpletam evangelizans: non quidem alterum Deum annuntians, sed Filium Dei, qui et homo factus est, et passus, in agnitionem adducens Israel; et in Jesu resurrectionem, quae est a mortuis, annuntians, et significans, quoniam omnia, quae Prophetae annuntiaverunt de passione Christi, haec adimplevit Deus.

³ τὸν [τοῦ] Ἰσραὴλ, Harv.

.4. Propter quod rursus convocatis Principibus Sacerdotum, fiducialiter Petrus dixit ad eos: *Principes populi, et seniores* Act. iv. 8, *Israelitae, si nos hodie redarguimur a vobis in benefacto hominis* seqq. *infirmi, in quo hic salvatus est; cognitum sit omnibus vobis, et omni populo Israel, quoniam in nomine Jesu Christi Nazareni, quem vos crucifixistis, quem Deus excitavit a mortuis, in hoc hic adstat in conspectu vestro sanus. Hic est lapis spretus a vobis* Psal. cxviii. *aedificantibus, qui factus est in caput anguli. Et non est aliud no-* 22. *men sub coelo, quod datum sit hominibus, in quo oporteat salvari nos.*

Οὕτως οἱ ἀπόστολοι οὐ τὸν Θεὸν ἤλλασσον, ἀλλὰ τὸν Χριστὸν κατήγγελλον τῷ λαῷ εἶναι τὸν Ἰησοῦν, τὸν ἐσταυρωμένον, ὃν ὁ Θεός, ὁ τοὺς Προφήτας πέμψας, αὐτὸς Θεὸς ὤν, ἤγειρε, καὶ τὴν σωτηρίαν ἐν αὐτῷ ἔδωκε τοῖς ἀνθρώποις.

Sic Apostoli non Deum mutabant, sed Christum annuntiabant populo esse Jesum qui crucifixus est, quem Deus [4] excitavit. Qui Prophetas misit, idem Deus excitavit, et salutem in eo dedit hominibus.

5. Confusi igitur et per curationem (*annorum enim,* inquit Scriptura, *plusquam XL erat homo in quo factum est signum cu-* Act. iv. 22. *rationis;*) et per doctrinam Apostolorum, et Prophetarum expositionem, cum remisissent summi Sacerdotes Petrum et Joannem, et reversi essent ad reliquos coapostolos et discipulos Domini, id est, in Ecclesiam, et enarrassent quae fuerant facta, et quemadmodum fiducialiter egissent in nomine Jesu: *Audientes,* inquit, Act. iv. 24. *tota Ecclesia, unanimes extulerunt vocem ad Deum, et dixerunt: Domine, tu es Deus qui fecisti coelum, et terram, et mare, et omnia quae in eis sunt, qui per Spiritum sanctum ore David patris nostri, pueri tui, dixisti: Quare fremuerunt gentes, et populi* Psal. ii. 1, 2. *meditati sunt inania? Adstiterunt Reges terrae, et Principes congregati sunt in unum adversus Dominum, et adversus Christum ejus. Convenerunt enim vere in hac civitate adversus sanctum Filium tuum Jesum, quem unxisti, Herodes, et Pontius Pilatus, cum Gentibus et populis Israel, facere quaecumque manus tua, et voluntas tua praedestinaverat fieri.*

---

[4] ['excitavit'], Harv.

Αὗται φωναὶ τῆς ἐκκλησίας, ἐξ ἧς πᾶσα ἔσχηκεν ἐκκλησία
τὴν ἀρχήν· αὗται φωναὶ τῆς μητροπόλεως τῶν τῆς καινῆς
διαθήκης πολιτῶν, αὗται φωναὶ τῶν Ἀποστόλων· αὗται φωναὶ
τῶν μαθητῶν τοῦ Κυρίου, τῶν ἀληθῶς τελείων, μετὰ τὴν ἀν-
άληψιν τοῦ Κυρίου διὰ Πνεύματος τελειωθέντων, καὶ ἐπικαλου-
μένων τὸν Θεὸν, τὸν ποιήσαντα τὸν οὐρανὸν καὶ τὴν γῆν καὶ
τὴν θάλασσαν, τὸν διὰ τῶν προφητῶν κεκηρύγμένον, καὶ τὸν
τούτου παῖδα δὲ, ὃν ἔχρισεν ὁ Θεὸς, καὶ ἄλλον οὐκ εἰδότων.
Οὐ γὰρ ἦν τότε Οὐαλεντῖνος ἐκεῖ, οὐδὲ Μαρκίων, οὐδ᾽ οἱ λοιποὶ
ἑαυτῶν τε καὶ τῶν πειθομένων αὐτοῖς καταστροφεῖς. Διὸ καὶ
ἐπήκουσεν αὐτῶν ὁ ποιητὴς τῶν ἁπάντων Θεός. ἐσαλεύθη γὰρ,
φησὶν, ὁ τόπος ἐν ᾧ ἦσαν συνηγμένοι, καὶ ἐπλήσθησαν ἅπαντες
τοῦ ἁγίου Πνεύματος, καὶ ἐλάλουν τὸν λόγον τοῦ Θεοῦ μετὰ
παρρησίας παντὶ τῷ θέλοντι πιστεύειν.

Hae voces Ecclesiae, ex qua habuit omnis Ecclesia initium:
hae voces civitatis magnae, novi Testamenti civium: hae voces
Apostolorum, hae voces discipulorum Domini, eorum qui
post assumptionem Domini per Spiritum et perfecti exstiterunt,
et invocaverunt Deum, qui fecit coelum et terram, et mare,
qui per Prophetas annuntiatus est, [5]et ejus Filius Jesus, quem
unxit Deus, et alterum autem nescientes. Non enim erat ibi
tunc Valentinus, nec Marcion, nec reliqui sui, vel eorum qui
assentiunt eis, eversores. Propter quod et exaudivit eos factor

Act. iv. 31.
omnium Deus. *Commotus est enim*, inquit, *locus in quo erant
collecti, et repleti sunt omnes Spiritu sancto, et loquebantur verbum*
Act. iv. 33.
Dei cum fiducia, omni volenti credere. *Virtute enim magna*,
inquit, *reddebant testimonium Apostoli resurrectionis Domini Jesu*,
Act. v. 30,
seqq.
dicentes ad eos : *Deus patrum nostrorum excitavit Jesum, quem
vos apprehendistis, et interfecistis suspendentes in ligno. Hunc
Deus Principem, et Salvatorem exaltavit gloria sua, dare poenitentiam Israel, et remissionem peccatorum : et nos in eo testes sumus
sermonum horum, et Spiritus sanctus, quem dedit Deus credentibus
ei. Omni quoque die*, inquit, *in Templo et in domo non cessabant*

---

[5] ' et ejus Filius Jesus [Filium Jesum].' Harv.

docentes et evangelizantes Christum Jesum Filium Dei. Haec
enim erat salutis agnitio, quae perfectos ad Deum efficit eos,
qui cognoscunt Filii ejus adventum.

6. Quoniam autem impudenter quidam eorum dicunt: Apud
·Judaeos praeconantes Apostoli non poterant alterum eis Deum
annuntiare, praeter eum qui creditus fuerat ab ipsis; dicimus
ad eos, quoniam si secundum olim insitam opinionem hominibus loquebantur Apostoli, nemo ab his cognovit veritatem,
multo autem prius a Domino; etenim ipsum sic loquutum
dicunt. Nec hi ergo ipsi veritatem sciunt, sed sententia eorum
de Deo cum esset talis, exceperant doctrinam, quemadmodum
audire poterant. Secundum hunc igitur sermonem apud neminem erit regula veritatis, sed omnes discipuli omnibus imputa-
bunt, quoniam quemadmodum unusquisque sentiebat, et quemadmodum capiebat, sic et sermo ad eum factus est. Superfluus
autem et inutilis adventus Domini parebit, si quidem venit
permissurus et servaturus uniuscujusque olim insitam de Deo
opinionem. Adhuc etiam et multo durius erat, quem hominem
viderant Judaei et cruci affixerant, annuntiari hunc esse Christum Filium Dei, aeternum ipsorum Regem. Non igitur jam
secundum pristinam eorum opinionem loquebantur ad eos.
Qui enim in faciem interfectores eos esse Domini dicebant,
multo magis fiducialiter eum Patrem, qui super Demiurgum est,
et [6] ipsis annuntiarent, et non in quod putabat unusquisque; et
multo minus erat peccatum, siquidem superiorem Salvatorem,
ad quem ascendere eos oporteret, quoniam esset impassibilis,
non affixissent cruci. Quemadmodum enim Gentibus non
secundum sententiam illorum loquebantur, sed cum fiducia
dicebant, quoniam dii ipsorum non essent Dii, sed idola daemoniorum; simili modo et Judaeis annuntiassent, si alterum
majorem et perfectiorem scissent Patrem, non adnutrientes,
neque augentes eorum non veram de Deo opinionem. Ethnicorum autem solventes errorem, et auferentes eos a suis diis, non
utique alterum eis inferebant errorem; sed auferentes eos qui non
erant Dii, eum, qui solus erat Deus et verus Pater, ostenderunt.

[6] 'ipsi,' Harv.

7. Ex verbis Petri igitur, quae fecit in Caesarea ad Cornelium Centurionem et eos qui cum eo erant Gentiles, quibus primo enarratus est sermo Dei, cognoscendum est nobis, quae annuntiabant Apostoli, et qualis fuit praedicatio ipsorum, et quam habuerunt de Deo sententiam. *Erat enim,* inquit, *Cornelius hic religiosus, et timens Deum cum tota domo sua, et faciens eleemosynas multas in populo, et orans Deum semper. Vidit ergo, circa horam nonam diei, Angelum Dei* [7] *intrantem ad se, et dicentem : Eleemosynae tuae ascenderunt in recommemorationem in conspectu Dei. Propter quod mitte ad Simonem, qui vocatur Petrus.*

Act. x. 1, seqq.

Τοῦ Πέτρου τὴν ἀποκάλυψιν ἰδόντος, ἐν ᾗ ἡ οὐράνιος εἶπεν αὐτῷ φωνή· ἃ ὁ Θεὸς ἐκαθάρισε σὺ μὴ κοίνου· τοῦθ', ὅτι διὰ τοῦ νόμου μεταξὺ καθαρῶν καὶ ἀκαθάρτων διαστείλας ὁ Θεὸς, οὗτος ἐκαθάρισε τὰ ἔθνη διὰ τοῦ αἵματος τοῦ παιδὸς αὐτοῦ, ὃν καὶ ὁ Κορνήλιος ἐσέβετο.

*   *   *   *   *   *

Τρανῶς σημαίνων, ὅτι ὃν πρότερον Θεὸν ἐφοβεῖτο ὁ Κορνήλιος, τὸν [8] διὰ τοῦ νόμου καὶ τῶν προφήτων κατηχεῖτο, δι' ὧν [9] καὶ τὰς ἐλεεμοσύνας ἐποίει, οὗτος ἐπ' ἀληθείας ἔστι Θεός. Ἔλειπε δὲ αὐτῷ ἡ τοῦ Υἱοῦ γνῶσις.

Petrus autem cum vidisset revelationem, in qua respondit ad eum coelestis vox : *Quae Deus emundavit, tu ne commune dixeris;* hoc ideo, quoniam qui per Legem inter munda et immunda distinxit Deus, hic emundavit Gentes per sanguinem Filii sui, quem et Cornelius colebat. Ad quem Petrus veniens dixit: *In veritate comperi, quoniam non est personarum acceptor Deus, sed in omni gente, qui timet eum, et operatur justitiam, acceptabilis ei est.* Manifeste significans, quoniam quem antea Deum timebat Cornelius, quem per Legem et Prophetas audierat, propter quem et eleemosynas faciebat, hic in veritate est Deus. [10] Deerat autem ei agnitio. Propter quod adjecit : *Vos scitis quod factum*

Act. x. 15.

Act. x. 34, 35.

Act. x. 37, seqq.

---

[7] intrantem, 'introeuntem,' Harv.

[8] τὸν [ὃν] διὰ τοῦ νόμου, Harv.

[9] [ὃν] καὶ, Harv.

[10] ' deerat autem ei [Filii] agnitio,' Harv.

est verbum per omnem Judaeam: incipiens enim a Galilaea post
Baptismum, quod praedicavit Joannes: Jesum a Nazareth, quem-
admodum unxit eum Deus Spiritu sancto et virtute: ipse cir-
cuivit benefaciens et curans omnes qui oppressi erant a diabolo,
quoniam Deus erat cum eo. Et nos testes sumus omnium eorum,
quae fecit et in regione Judaeorum, et in Hierusalem: quem inter-
fecerunt suspendentes in ligno. Hunc Deus excitavit tertia die, et
dedit eum manifestum fieri, non omni populo, sed testibus nobis
praedestinatis a Deo, qui cum eo et manducavimus, et bibimus post
resurrectionem a mortuis. Et praecepit nobis annuntiare populo,
et testificari, quoniam ipse est praedestinatus a Deo judex vivorum
et mortuorum. Huic omnes Prophetae testimonium reddunt re-
missionem peccatorum accipere per nomen ejus omnem credentem in
eum. Filium ergo Dei, quem ignorabant homines, annuntiabant
Apostoli, et adventum ejus, his qui ante instructi erant de Deo;
sed non alterum Deum inferebant. Si enim tale aliquid sciret
Petrus, libere Gentibus praedicasset, alterum quidem Judaeorum,
alterum autem Christianorum esse Deum; qui quidem propter
visionem Angeli conterriti omnes, quodcumque eis dixisset,
credidissent. Ex verbis autem Petri manifestum est, quoniam
praecognitum quidem eis Deum custodivit; Filium autem Dei
Jesum Christum esse testificatus est ipsis, judicem vivorum et
mortuorum, in quem et baptizari eos jussit in remissionem peccatorum: et non tantum hoc, sed et Jesum ipsum esse Filium
Dei testificatus est, qui et unctus Spiritu sancto, Jesus Christus
dicitur. Et est hic idem ex Maria natus, quemadmodum Petri
continet testificatio. An numquid perfectam tunc cognitionem
nondum habebat Petrus, quam postea adinvenerunt hi? Im-
perfectus igitur secundum hos Petrus, imperfecti autem et
reliqui Apostoli: et oportebit eos reviviscentes, horum fieri
discipulos, ut et ipsi perfecti fiant. [11] Sed hoc quidem ridiculum
est. Arguuntur vero isti non quidem Apostolorum, sed suae
malae sententiae esse discipuli. Propter hoc autem et variae
sententiae sunt uniuscujusque eorum, recipientis errorem quemadmodum capiebat. Ecclesia vero per universum mundum ab

---

[11] 'sed et,' Harv.

E

Apostolis firmum habens initium, in una et eadem de Deo et de
Filio ejus perseverat sententia.

Act. viii. 26,
seqq.
8. Philippus autem rursus spadoni Reginae Aethiopum
revertenti a Hierosolymis, et legenti Esaiam Prophetam, solus
soli, quem annuntiavit? Nonne eum, de quo dixit Propheta:

Act. viii. 32,
ex Esa. liii. 7.
Tamquam ovis ad [12] *victimam ductus est, quemadmodum agnus ante*
tondentem se sine voce, sic non aperuit os : nativitatem autem ejus
quis enarrabit ? quoniam tolletur a terra vita ejus.

Τοῦτον εἶναι Ἰησοῦν, καὶ πεπληρῶσθαι ἐν αὐτῷ γραφὴν, ὡς
αὐτὸς ὁ εὐνοῦχος πεισθεὶς, καὶ παραυτίκα ἀξιῶν βαπτισθῆναι,
ἔλεγε· Πιστεύω τὸν υἱὸν τοῦ Θεοῦ εἶναι Ἰησοῦν Χριστόν. ὃς
καὶ ἐπέμφθη εἰς τὰ κλίματα Αἰθιοπίας, κηρύξων τοῦτο, ὅπερ
ἐπίστευσε, Θεὸν μὲν ἕνα, τὸν διὰ τῶν προφητῶν κεκηρυγμένον·
τούτου δὲ τὸν υἱὸν τὴν κατὰ ἄνθρωπον ἤδη πεποιῆσθαι παρουσίαν, καὶ ὡς πρόβατον εἰς σφαγὴν [13] ἤχθη, καὶ τὰ λοιπὰ, ὅσα οἱ
προφῆται λέγουσι περὶ αὐτοῦ.

9. Παῦλος . . . μετὰ τὸ ἐκ τοῦ οὐρανοῦ λαλῆσαι αὐτῷ τὸν
Κύριον, καὶ ἐπιδεῖξαι, ὅτι τὸν ἴδιον δεσπότην ἐδίωκε, διώκων
τοὺς μαθητὰς αὐτοῦ, καὶ πέμψαι Ἀνανίαν πρὸς αὐτὸν, καὶ ἀνα-
βλέψαι, καὶ βαπτισθῆναι, ἐν ταῖς συναγωγαῖς, φησὶν, ἐν

Hunc esse Jesum, et impletam esse in eo Scripturam; Quemadmodum ipse Eunuchus credens, et statim postulans baptizari
Act. viii. 37. dicebat: *Credo Filium Dei esse Jesum.* Qui et missus est in
regiones Aethiopiae, praedicaturus hoc quod ipse crediderat,
Deum quidem unum per Prophetas praedicatum; hujus vero
[14] Filium fecisse secundum hominem adventum, et ut ovem ad
victimam ductum, et reliquá, quaecumque Prophetae dicunt
de eo.

Act. ix. 4,
seqq.
9. Paulus quoque et ipse, posteaquam de coelo locutus est
ad eum Dominus, et ostendit quoniam suum Dominum per-
sequeretur, persequens discipulos ejus, et misit Ananiam ad
Act. ix. 20. eum, ut iterum videret et baptizaretur: *In synagogis* ait, *in*

---

[12] ' occisionem,' Harv.   [13] ἤχθη, ἠχθῆναι, Harv.
[14] Adj. 'jam,' Harv.

Δαμασκῷ ἐκήρυσσε μετὰ πάσης παρρησίας τὸν Ἰησοῦν, ὅτι
οὗτός ἐστιν ὁ υἱὸς τοῦ Θεοῦ ὁ Χριστός. Τοῦτ' ἔστι τὸ μυστή-
ριον, ὃ λέγει κατὰ ἀποκάλυψιν ἐγνωρίσθαι αὐτῷ, ὅτι ὁ παθὼν
ἐπὶ Ποντίου Πιλάτου, οὗτος Κύριος τῶν πάντων, καὶ βασιλεὺς,
καὶ Θεὸς, καὶ κριτής ἐστιν·

*Damasco praedicabat cum omni fiducia Jesum, quoniam hic est
Christus Filius Dei.* Hoc est mysterium, quod dicit per revelationem manifestatum sibi, quoniam qui passus est sub
Pontio Pilato, hic Dominus est omnium, et Rex, et Deus, et
Judex; ab eo qui est omnium Deus, accipiens potestatem,
quoniam *subjectus factus est usque ad mortem, mortem autem* Philip..ii. 8.
crucis. Et quoniam hoc verum est, Atheniensibus evangelizans
in [15] Ariopago, ubi Judaeis non adsistentibus, licebat ei cum
fiducia verum praedicare Deum, dixit eis: *Deus, qui fecit mun-* Act. xvii. 24,
dum, et omnia quae in eo sunt, hic coeli et terrae Dominus seqq.
*exsistens, non in manufactis templis inhabitat, nec a manibus
humanis tractatur, tamquam alicujus indigens, cum ipse omnibus
dederit vitam et spiritum, et omnia* [16] *fecerit, qui fecit ex uno sanguine omne genus hominum inhabitare super faciem totius terrae,
praefiniens tempora secundum determinationem inhabitationis eorum,
quaerere illud quod est divinum, si quo modo tractare possint illud,
aut invenire, quamvis etiam non longe sit ab unoquoque nostrum:
in ipso enim vivimus, et movemur, et sumus; et quemadmodum
quidam secundum vos dixerunt: Hujus enim et genus sumus.
Genus igitur cum simus Dei, non oportet nos putare, id quod
est divinum simile esse auro vel argento, vel lapidi per artem, vel
concupiscentiam hominis deformato. Tempora ergo ignorantiae
despiciens Deus, nunc* [17] *praecepit hominibus omnibus ubique poeniteri
in ipsum, quoniam constituit diem judicari orbem terrae' in justitia,
in viro Jesu, in quo statuit fidem, excitans eum a mortuis.* Hoc
autem in loco non solum factorem mundi Deum eis annuntiat,
non adsistentibus Judaeis, sed et quoniam unum genus humanum fecit inhabitare super omnem terram; quemadmodum et

---

[15] 'Areopago,' Harv.   [16] 'omnia [*fecerit*],' Harv.
[17] '*praecipit*,' Harv.

Deut. xxxii. 8. Moyses ait : *Quando divisit Altissimus gentes, quemadmodum dispersit filios Adam, statuit terminos gentium secundum numerum Angelorum Dei :* populum autem qui credit Deo, jam non esse Deut. xxxii. 9. sub Angelorum potestate, sed sub Domini : *Facta est enim portio Domini populus ejus Jacob, funiculum haereditatis ejus Israel.* Et iterum Lystris Lyciae cum esset Paulus cum Barnaba, et a nativitate claudum in nomine Domini nostri Jesu Christi ambulare fecisset, et cum turba honorare eos vellet quemadmodum Act. xiv. 14, seqq. Deos, propter admirabile factum, ait eis : *Nos similes vobis sumus homines, evangelizantes vobis Deum, uti ab eis vanis simulacris convertamini ad Deum vivum, qui fecit coelum, et terram, et mare, et omnia quae in eis sunt : qui in praeteritis temporibus permisit omnes gentes abire vias suas, quamquam non sine testimonio semetipsum reliquit, benefaciens, de coelo dans vobis pluvias et tempora fructifera, adimplens cibo et hilaritate corda vestra.* Quoniam autem his annuntiationibus ejus omnes epistolae consonant, ex ipsis epistolis [18]ostendimus apto in loco, exponentes Apostolum. Nobis autem conlaborantibus his ostensionibus, quae ex Scripturis sunt, et quae multifarie dicta sunt, breviter et compendiose annuntiantibus, et tu cum magnanimitate intende eis, et non longiloquium putare : hoc intelligens, quoniam ostensiones, quae sunt in Scripturis, non possunt ostendi, nisi ex ipsis Scripturis.

10. Stephanus autem iterum qui electus est ab Apostolis primus Diaconus, qui et primus ex omnibus hominibus sectatus est vestigia martyrii Domini, propter Christi confessionem primus interfectus, fiducialiter loquens in populo, et docens eos, Act. vii. 2, seqq. dicens : *Deus gloriae visus est patri nostro Abrahae, et dixit ad eum : Exi de terra tua, et de cognatione tua, et veni in terram, quam demonstrabo tibi : et transtulit illum in terram hanc, quam nunc et vos inhabitatis, et non dedit ei haereditatem in ea, nec gressum pedis ; sed [19]promisit dare in possessionem eam, et semini ejus post eum. Locutus est autem sic Deus ad eum : quoniam erit semen ejus peregrinans in terra aliena, et in servitutem redigentur,*

[18] ' ostendimus [ostendemus] apto in loco,' Harv.

[19] '*promisit dare ei in possessionem,*' Harv.

et vexabuntur annis quadringentis : et gentem, cui servient, judicabo ego, dicit Dominus. Et postea exient, et servient mihi in isto loco. Et dedit ei testamentum circumcisionis, et sic generavit Isaac. Et reliqua autem verborum ejus eundem Deum annuntiant, qui fuit cum Joseph, et cum Patriarchis, qui et colloquutus est Moysi.

11. Et omnem Apostolorum doctrinam unum et eundem Deum annuntiasse, qui transtulit Abraham, qui promissionem haereditatis ei fecit, qui testamentum circumcisionis apto tempore dedit, qui ex Aegypto vocavit semen ejus, servatum manifeste per circumcisionem; (in signo enim dedit eam, ut non similes essent Aegyptiis;) hunc factorem omnium, hunc Patrem Domini nostri Jesu Christi, hunc Deum claritatis, ex ipsis sermonibus et Actibus Apostolorum volentes discere possunt, et contemplari, quoniam unus hic Deus, super quem alius non est. Si autem et erat super hunc alius Deus, ex abundanti per comparationem diceremus : hic illo melior est. Melior enim ex operibus apparet, quemadmodum et [20] praediximus : et cum illi nullum Patris sui opus habeant ostendere, hic solus ostenditur Deus. Si quis autem *aegrotans circa quaestiones*, ea quae ab 1 Tim. vi. 4. Apostolis de Deo dicta sunt, allegorizanda existimat ; praedictos sermones nostros discutiat, in quibus unum Deum conditorem et factorem omnium ostendimus, et ea quae ab illis dicuntur, destruximus et denudavimus : et inveniet consonantes eos Apostolorum doctrinae, et sic habere quemadmodum docebant et persuadebantur, quoniam unus est fabricator omnium Deus : et cum repulerit a sententia sua tantum errorem, et eam, quae est adversus Deum, blasphemiam ; et a semetipso inveniet rationem, cognoscens et eam, quae est secundum Moysem Legem, et gratiam novi Testamenti, utraque apta temporibus, ad utilitatem humani generis ab uno et eodem praestita Deo.

12. Omnes enim, qui sunt malae sententiae, moti ab ea legisdatione, quae secundum Moysem, dissimilem eam et contrariam Evangelii doctrinae arbitrantes, jam non sunt conversi, uti differentiae utriusque Testamenti inquirerent causas. Deserti igitur cum sint a paterna dilectione, et inflati a Satana,

[20] praediximus, supr. II. xxx.

conversi in Simonis magi doctrinam, abstiterunt sententiis suis
ab eo qui est Deus, [21] et putaverunt semetipsos plus invenisse,
quam Apostoli, alterum Deum adinvenientes: et Apostolos
quidem · adhuc quae · sunt Judaeorum sentientes, ·annuntiasse
Evangelium ; se autem sinceriores, et prudentiores Apostolis
esse.. Unde et [22] Marcion, et qui ab eo sunt, ad intercidendas
conversi sunt Scripturas, quasdam quidem in totum non cognoscentes, secundum Lucam autem Evangelium et epistolas
Pauli decurtantes, haec sola legitima esse dicunt, quae ipsi
minoraverunt. Nos autem etiam ex his, quae adhuc apud eos
custodiuntur, arguemus eos, donante Deo, [23] in altera conscriptione. Reliqui vero omnes falso scientiae nomine inflati, Scripturas quidem confitentur, interpretationes vero convertunt,
quemadmodum ostendimus [24] in primo libro. Et quidem hi
qui a Marcione sunt statim blasphemant fabricatorem, dicentes
eum malorum [25] factorem, propositum initii sui tolerabiliorem
habentes, [26] duos naturaliter dicentes Deos, distantes ab invicem,
alterum quidem bonum, alterum autem malum : hi autem qui
sunt a Valentino, nominibus honestius utentes, et Patrem, et
Dominum, et Deum, hunc qui est fabricator, ostendentes, propositum sive sectam blasphemiorem habent, neque ab aliquo ex
his, quae sunt intra Plenitudinem, Aeonibus dicentes eum emissum, sed ab ea labe, quae extra Pleroma expulsa est. Haec
autem omnia contulit eis Scripturarum et dispositionis Dei
ignorantia. [27] Nos et causam differentiae Testamentorum, et
rursum unitatem et consonantiam ipsorum, in his quae deinceps
futura sunt, referemus.

---

[21] ' et putaverunt quid semetipsos,' Harv.

[22] Marcion ; for an account of Marcion's Gospel and Canon see Bleek's
Introduction to the New Test. §§ 51–55, or Westcott on the Canon, Part I.
cap. iv. § 9.

[23] in altera conscriptione ; vid. Eus. v. 8, ἐπήγγελται ὁ αὐτὸς ἐκ τῶν
Μαρκίωνος συγγραμμάτων ἀντιλέξειν αὐτῷ ἐν ἰδίῳ σπουδάσματι.

[24] in primo libro, i. e. capp. ix, xviii-xx.   [25] ' fabricatorem,' Harv.

[26] duos .. Deos ; see the remarks of Tertullian, Contr. Marc. i. 2.

[27] nos, ' autem,' Harv.

13. Quoniam autem et Apostoli, et discentes ipsorum sic docebant, quemadmodum Ecclesia praedicat, et sic docentes perfecti fuerunt, propter quod et evocabuntur ad perfectum; Stephanus haec docens, adhuc cum super terram esset, vidit gloriam Dei, et Jesum ad dexteram, et dixit: *Ecce, video coelos* Act. vii. 56. *apertos, et* [28]*Filium hominis ad dexteram adstantem Dei.* Et-haec dixit, et lapidatus est, et sic perfectam doctrinam adimplevit, per omnia martyrii magistrum imitans, et postulans pro eis qui se interficiebant, et dicens: *Domine, ne statuas illis hoc peccatum.* Act. vii. 60. Sic erant perfecti, qui unum et eundem Deum, ab initio usque ad finem variis dispositionibus adsistentem humano generi, sciebant; quemadmodum ait Osee Propheta: *Ego. visiones implevi,* Oseae xii. 10. *et in manibus Prophetarum similatus sum.* Qui ergo usque ad mortem tradiderunt animas propter Evangelium Christi, quomodo poterant secundum insitam opinionem hominibus loqui? Quod ipsum si fecissent, non paterentur: sed quoniam contraria his, qui non assentiebant veritati, praedicabant, ideo et passi sunt. Manifestum est ergo, quoniam non derelinquebant veritatem, sed. cum omni fiducia Judaeis et Graecis praedicabant: Judaeis quidem, Jesum eum qui ab ipsis crucifixus est, esse Filium Dei, judicem vivorum et mortuorum, a Patre accepisse aeternum Regnum in Israel, quemadmodum ostendimus; Graecis vero unum Deum qui omnia fecit, et hujus Filium Jesum Christum annuntiantes.

14. Manifestius autem hoc ostenditur ex Apostolorum epistola quam neque Judaeis, neque Graecis, [29]sed his qui ex Gentibus in Christum credebant, confirmantes fidem ipsorum, miserunt. Cum enim descendissent quidam a Judaea in Antiochiam, in qua et primum omnium. discipuli Domini, pro fide quam in Christo habebant, vocati sunt Christiani, et suaderent eis qui crediderant in Dominum, circumcidi, et reliqua secundum Legis observationem perficere; et ascendissent Paulus et Barnabas Hierosolymam ad alteros Apostolos propter.

---

[28] '*filium hominis stantem a dexteris Dei,*' Harv.

[29] sed his, 'sed ipsis,' Harv.

hanc quaestionem, et universa Ecclesia convenisset in unum,

Act. xv. 7, seqq.
Petrus dixit eis: *Viri fratres, vos scitis quoniam a diebus antiquis in vobis Deus elegit, ut ex ore meo audirent Gentes verbum Evangelii, et crederent: et cordis inspector Deus testimonium perhibuit eis, dans eis Spiritum sanctum, sicut et nobis, et nihil discrevit inter nos et ipsos, emundans per fidem corda illorum. Nunc igitur quid tentatis Deum, imponere jugum super cervicem discipulorum, quod neque patres nostri, neque nos valuimus portare? Sed per gratiam Domini nostri Jesu Christi credimus nos posse*

Act. xv. 13, seqq.
salvari, quomodo et illi. Post quem Jacobus dixit: *Viri fratres, Simon retulit, quemadmodum Deus excogitavit accipere ex Gentibus populum nomini suo. Et sic conveniunt sermones Prophetarum,*

Amos ix. 11, 12.
sicut scriptum est: Post haec revertar, et reaedificabo tabernaculum David quod cecidit, et disturbata ejus aedificabo, et erigam illud, uti requirant reliqui hominum Dominum, et omnes gentes, in quibus invocatum est nomen meum super eos, dicit Dominus, faciens haec. Cognitum a saeculo est Deo opus ejus: propterea ego secundum me judico, non molestari eos, qui ex Gentibus convertuntur ad Deum; sed praecipiendum eis, uti abstineant a vanitatibus idolorum, et a fornicatione, et a sanguine: et quaecumque nolunt sibi fieri, aliis ne faciant. Et cum haec dicta

Act. xv. 23, seqq.
essent, et omnes consensissent, scripserunt eis sic: *Apostoli et Presbyteri fratres, his qui sunt in Antiochia, et Syria, et Cilicia, fratribus ex Gentibus, salutem. Quoniam audivimus, quia ex nobis quidam exeuntes turbaverunt vos sermonibus, destruentes animas vestras, quibus non praecepimus, dicentes: Circumcidimini et servate Legem; placuit nobis convenientibus in unum, electos viros mittere ad vos cum dilectissimis nostris Barnaba et Paulo, hominibus qui tradiderunt animam suam pro nomine Domini nostri Jesu Christi. Misimus igitur Judam et Silam, et ipsos per sermonem annuntiantes nostram sententiam. Placuit enim sancto Spiritui, et nobis, nullum amplius vobis pondus imponere, quam haec, quae sunt necessaria: ut abstineatis ab idolothytis, et sanguine, et fornicatione: et quaecumque non vultis fieri vobis, aliis ne faciatis: a quibus custodientes vos ipsos, bene agetis, ambulantes in Spiritu sancto.* Manifestum est igitur ex his omnibus,

quoniam non alterum Patrem esse docebant, sed libertatis novum Testamentum dabant his, qui nove in Deum per Spiritum sanctum credebant. Ipsi autem ex eo quod quaererent: An oporteret circumcidi adhuc discipulos nec ne? manifeste ostenderunt, non habuisse se alterius Dei contemplationem.

15. Caeterum non talem timorem circa primum habuissent Testamentum, ut nec cum Ethnicis quidem convesci vellent. Nam et Petrus, quamvis ad catechizandos eos missus esset, et tali visione conterritus fuisset, cum timore tamen multo locutus est ad eos, dicens: *Ipsi scitis quoniam non est fas viro* Act. x. 28, *Judaeo* [30]*adjungi, aut convenire cum allophylo: mihi autem Deus* [29.] *ostendit, neminem communem, aut immundum dicere hominem: quapropter sine contradictione veni;*

διὰ τῶν λόγων τούτων σημαίνων, ὅτι οὐκ ἂν ἐπεπόρευτο πρὸς αὐτοὺς, εἰ μὴ κεκέλευστο. ἴσως γὰρ οὐδὲ τὸ βάπτισμα οὕτως εὐχερῶς ἔδωκεν αὐτοῖς, εἰ μὴ, τοῦ Πνεύματος τοῦ ἁγίου ἐπαναπαύοντος αὐτοῖς, προφητεύοντας αὐτοὺς ἀκηκόει. Καὶ διὰ τοῦτο ἔλεγε· Μήτις τὸ ὕδωρ κωλῦσαι δύναται [τοῦ μὴ βαπτισθῆναι] τούτους, οἵτινες τὸ Πνεῦμα τὸ ἅγιον ἔλαβον, ὡς καὶ ἡμεῖς; πείθων ἅμα τοὺς συμπαρόντας, καὶ σημαίνων, ὅτι εἰ μὴ τὸ Πνεῦμα τὸ ἅγιον ἐπ᾽ αὐτοὺς [31]ἀναπέπαυτο, ἦν ὁ κωλύσων αὐτοὺς τοῦ βαπτίσματος.

his sermonibus significans, quoniam non abisset ad eos, nisi jussus fuisset. Sic aeque ne Baptisma quidem facile dedisset, nisi, Spiritu sancto requiescente super eos, prophetantes eos audisset. Et propter hoc dixit: [32]*Numquid aliquis aquam* Act. x. 47. *vetare potest ad baptizandum hos, qui Spiritum sanctum acceperunt, quemadmodum et nos?* Suadens simul his, qui secum erant, et significans, quoniam nisi Spiritus sanctus super eos requievisset, exsisteret qui eos prohiberet a Baptismate.

Hi autem qui circa Jacobum Apostoli, Gentibus quidem

---

[30] adjungi, '*conjungi,*' Harv.
[31] ἀναπέπαυτο, ἐπαναπέπαυτο, Harv.
[32] numquid aliquis, '*num quis,*' Harv.

libere agere permittebant, concedentes nos Spiritui Dei. Ipsi vero eundem scientes Deum, perseverabant in pristinis observationibus: ita ut et Petrus quoque, timens ne culparetur ab ipsis, ante manducans cum Gentibus, propter visionem, et propter Spiritum qui requieverat super eos; cum tamen advenissent quidam ab Jacobo, separavit se, et non manducavit cum eis. Hoc ipsum autem dixit Paulus et Barnabam fecisse. Sic Apostoli, quos universi actus, et universae doctrinae Dominus testes fecit, (ubique enim simul cum eo adsistentes inveniuntur Petrus et Jacobus et Joannes;) religiose agebant circa dispositionem Legis, quae est secundum Moysem, ab uno et eodem significantes esse Deo. Quod quidem non fecissent secundum quae praediximus, si praeter eum qui Legis dispositionem fecit, alterum Patrem a Domino didicissent.

Gal. ii. 12
13.

CHAPTER XIII.

According to the teaching of St. Paul and Christ, all the Apostles knew the truth. The knowledge of the truth was not confined to St. Paul only. According to St. Luke's account he conferred with the other Apostles at Jerusalem.

1. [1]Eos autem qui dicunt, solum Paulum veritatem cognovisse, cui per revelationem manifestatum est mysterium, ipse Paulus convincat eos, dicens, unum et ipsum Deum operatum Petro in Apostolatum circumcisionis, et sibi in Gentes. Ipsius ergo Dei Petrus erat Apostolus, cujus et Paulus: et quem Petrus in circumcisione annuntiabat Deum, et Dei Filium, hunc et Paulus in Gentes. [2]Neque enim solum Paulum salvare venit Dominus noster; nec sic pauper Deus, ut unum solum haberet Apostolum, qui dispositionem Filii sui cognosceret. Et Paulus autem dicens: *Quam speciosi pedes evangelizantium bona, evangelizantium pacem!* manifestum [3]fecit, quoniam non unus, sed

Gal. ii. 8.

Rom. x. 15.

---

[1] eos autem, i. e. the Marcionites.
[2] 'neque enim ut solum Paulum salvaret,' Harv.   [3] 'facit,' Harv.

plures erant, qui veritatem evangelizabant. Et rursus in ea epistola, quae est ad Corinthios, cum praedixisset omnes qui [4]Deum post resurrectionem viderunt, intulit: *Sive autem ego,* 1 Cor. xv. 11. *sive illi, sic annuntiamus, et sic credidistis:* unam et eandem praedicationem confitens omnium eorum, qui [4]Deum viderunt post resurrectionem a mortuis.

2. Et Dominus autem Philippo volenti Patrem videre, respondit: *Tanto tempore vobiscum sum, et me non cognovisti?* Joan. xiv. *Philippe, qui videt me, videt et Patrem. Quomodo tu dicis:* 7, 9; 10. *Ostende nobis Patrem? Ego enim in Patre, et Pater in me; et a modo cognovistis eum, et vidistis.* Quibus ergo Dominus testimonium dixit, quoniam et cognoverunt in ipso, et viderunt Patrem, (Pater autem veritas;) hos dicere non cognovisse veritatem, est hominum falsa testantium, et eorum qui alienati sunt a Christi doctrina. Ad quid enim mittebat Dominus duodecim Apostolos *ad oves quae perierant domus Israel,* si Matt. x. 6. veritatem non cognoverunt? Quomodo [5]autem septuaginta praedicabant, nisi ipsi prius [6]virtutem praedicationis cognovissent? Aut quomodo Petrus ignorare potuit, cui Dominus testimonium dedit, quoniam caro et sanguis non revelavit ei, Matt. xvi. 17. sed Pater qui in coelis est? [7]Sicut ergo *Paulus Apostolus non* Gal. i. 1. *ab hominibus, neque per hominem, sed per* [8]*Jesum, et Deum Patrem;* Filio quidem adducente eos ad Patrem, Patre vero revelante eis Filium.

3. Quoniam autem his, qui ad Apostolos vocaverunt eum de quaestione, acquievit Paulus, et ascendit ad eos cum Barnaba in Hierosolymam, non sine causa, sed ut ab ipsis libertas Gentilium confirmaretur, ipse ait in ea quae ad Galatas est epistola: *Deinde post XIV annos* [9]*ascendi Hierosolymam cum* Gal. ii. 1, 2. *Barnaba, assumens et Titum. Ascendi autem secundum revelationem, et contuli cum eis Evangelium, quod praedico inter Gentes.*

---

[4] See Harvey's note.   [5] autem, 'et,' Harv.   [6] 'veritatem,' Harv.

[7] sicut ergo. The apodosis is missing. After 'Patrem' supply 'ita etiam caeteri Apostoli.' See however Harvey's note.

[8] '*Jesum Christum*,' Harv.   [9] ascendi, '*in*,' Harv.

Et iterum ait: *Ad horam cessimus subjectioni, uti veritas Evangelii perseveret apud vos.* Si quis igitur diligenter ex Actibus Apostolorum scrutetur tempus, de quo scriptum est, [10] *Ascendi Hierosolymam,* propter praedictam quaestionem, inveniet eos, qui praedicti sunt a Paulo, annos concurrentes. Sic est consonans, et velut eadem, tam Pauli annuntiatio, quam et Lucae de Apostolis testificatio.

CHAPTER XIV.

If St. Paul possessed a knowledge of deeper mysteries than the other Apostles, St. Luke must have known these, for he was St. Paul's companion. St. Luke wrote what St. Paul taught him; and St. Paul, like the other Apostles, taught what he knew. Neither St. Paul nor St. Luke taught with reserve [nemini invidens]. To reject St. Luke is to reject a large part of the Gospel. Heretics must not pick and choose what to accept and what to reject.

1. QUONIAM autem is Lucas inseparabilis fuit a Paulo, et cooperarius ejus in Evangelio, ipse facit manifestum, non glorians, sed ab ipsa productus veritate. Separatis enim, inquit, a Paulo, et Barnaba, et Joanne, qui vocabatur Marcus, et cum navigassent Cyprum, *nos venimus in Troadem :* et cum vidisset Paulus per somnium virum Macedonem, dicentem : *Veniens in Macedoniam opitulare nobis, Paule ; statim,* ait, *quaesivimus proficisci in Macedoniam, intelligentes quoniam provocavit nos Dominus evangelizare eis. Navigantes igitur a Troade, direximus navigium in Samothracen :* et deinceps reliquum omnem ipsorum usque ad Philippos adventum diligenter significat, et quemadmodum primum sermonem loquuti sunt : *Sedentes enim,* inquit, *loquuti sumus mulieribus quae convenerant :* et quinam crediderunt, et quam multi. Et iterum ait : *Nos autem navigavimus post dies azymorum a Philippis, et venimus Troadem, ubi et commorati sumus diebus septem.* Et reliqua omnia ex ordine cum Paulo refert, omni diligentia demonstrans et loca, et civitates, et quantitatem dierum, quoadusque Hierosolymam ascenderent : et quae illic contigerint Paulo, quemadmodum vinctus

Act. xv. 39.

Act. xvi. 8, seqq.

Act. xvi. 13.

Act. xx. 6.

Act. xxi. 1, seqq.

[10] 'ascendisse,' Harv.

Romam missus est, et nomen Centurionis qui suscepit eum, Act. xxvii. 1. et parasema navium, et quemadmodum naufragium fecerunt, et Act. xxviii. 1. in qua liberati sunt insula, et quemadmodum humanitatem ibi perceperunt, Paulo curante Principem ipsius insulae, et quemadmodum inde Puteolos navigaverunt, et inde Romam pervenerunt, et quanto tempore Romae commorati sunt. Omnibus his cum adesset Lucas, diligenter conscripsit ea, uti neque mendax, neque elatus deprehendi possit, eo quod omnia haec constarent, et seniorem eum esse omnibus qui nunc ·aliud. docent, neque ignorare veritatem. Quoniam non solum prosequutor, sed et cooperarius fuerit Apostolorum, maxime autem Pauli, et ipse autem Paulus manifestavit in epistolis, dicens : *Demas me dereliquit, et* [1] *abiit Thessalonicam, Crescens in Gala-* 2 Tim. iv. 10, *tiam, Titus in Dalmatiam : Lucas est mecum solus.* Unde 11. ostendit quod semper junctus ei, et inseparabilis fuerit ab eo. Et iterum in [2] epistola quae est ad Colossenses, ait : *Salutat vos* Coloss. iv. 14. *Lucas medicus dilectus.* Si autem Lucas quidem, qui semper cum Paulo praedicavit, et dilectus ab eo est dictus, et cum eo evangelizavit, et creditus est referre nobis Evangelium, nihil aliud ab eo didicit, sicut ex verbis ejus ostensum est; quemadmodum hi qui nunquam Paulo adjuncti fuerunt, gloriantur abscondita et inenarrabilia didicisse sacramenta?

2. Quoniam autem Paulus simpliciter quae sciebat, haec et docuit, non solum eos qui cum eo erant, verum omnes audientes se,- ipse facit manifestum. In Mileto enim convocatis Episcopis et Presbyteris, qui erant ab Epheso, et a reliquis Act. xx. 17, seqq. . proximis civitatibus, quoniam ipse festinaret Hierosolymis Pentecosten agere, multa testificans eis, et dicens quae [3] oportet ei Hierosolymis evenire, adjecit: *Scio quoniam jam non videbitis* Act. xx. 25,· seqq. *faciem meam : testificor igitur vobis hac die, quoniam mundus sum a sanguine omnium. Non enim subtraxi, uti non annuntiarem vobis omnem sententiam Dei. Attendite igitur et vobis, et omni gregi, in quo vos Spiritus sanctus praeposuit Episcopos, regere Ecclesiam Domini, quam sibi constituit per sanguinem suum.*

---

[1] '*abiit in Thessalonicam,*' Harv. [2] 'in ea' epistola, Harv.
[3] 'oporteret,' Harv.

Deinde significans futuros malos doctores, dixit : *Ego scio, quoniam advenient post discessum meum lupi graves ad vos, non parcentes gregi. Et ex vobisipsis exsurgent viri loquentes perversa, uti convertant discipulos post se.* Non subtraxi, inquit, *uti non annuntiarem omnem sententiam Dei vobis.* Sic Apostoli simpliciter, et nemini invidentes, quae didicerant ipsi a Domino, haec omnibus tradebant. Sic igitur et Lucas nemini invidens, ea quae ab eis didicerat, tradidit nobis, sicut ipse testificatur dicens : *Quemadmodum tradiderunt nobis qui ab initio contemplatores, et ministri fuerunt verbi.*

3. Si autem quis refutet Lucam, quasi non cognoverit veritatem, manifestus erit projiciens Evangelium, cujus dignatur esse discipulus. Plurima enim et magis necessaria Evangelii per hunc cognovimus, sicut Joannis generationem, et de Zacharia historiam, et adventum Angeli ad Mariam, et exclamationem Elizabeth, et Angelorum ad pastores descensum, et ea quae ab illis dicta sunt, et Annae et Simeonis de Christo testimonium, et quod duodecim annorum in Hierusalem relictus sit, et Baptismum Joannis, et quot annorum Dominus baptizatus sit, et quia in quintodecimo anno Tiberii Caesaris. Et in magisterio illud quod ad divites dictum est : *Vae vobis, divites, quoniam percipitis consolationem vestram : et, vae vobis qui satiati estis, quoniam esurietis ; et qui ridetis nunc, quia plorabitis : et, vae vobis cum benedixerint vos homines omnes.* Secundum haec enim faciebant et pseudo-prophetis patres vestri. Et omnia hujusmodi per solum Lucam cognovimus, et plurimos actus Domini per hunc didicimus, quibus et omnes utuntur : ut [4]multitudinem piscium, quam concluserunt hi qui cum Petro erant, jubente Domino ut mitterent retia : et illa quae per octodecim annos passa, curata fuerat mulier die sabbatorum : et de hydropico, quem curavit Dominus die sabbatorum, et quemadmodum disputavit quod curavit in hac die : et quemadmodum docuit discipulos primos discubitus non appetere : et quoniam pauperes et debiles vocare oportet, qui non habent retribuere. [5]Et qui pulsat nocte sumere panes, et propter instantiam importunitatis sumit :

[4] ut, 'et,' Harv.   [5] et qui pulsat, 'pulsavit,' Harv.

et quoniam apud Pharisaeum recumbente. eo, peccatrix mulier Luc. vii. 36.
osculabatur pedes ejus, et unguento ungebat, et quaecumque
propter eam dixit ad Simonem Dominus de duobus debitori-
bus: et de parabola divitis illius qui reclusit quae ei nata fuerant, cui et dictum est: *In hac nocte expostulabunt animam tuam* Luc. xii. 18.
a te: quae autem praeparasti, cujus erunt? similiter autem et
divitis qui vestiebatur purpura, et jocundabatur nitide: et ege- Luc. xvi. 19.
num Lazarum: et eam quam ad discentes suos dixit respon-
sionem, quando dixerunt ei: *Adjice nobis fidem:* et eam quae Luc. xvii. 5.
ad Zacchaeum publicanum facta est, confabulationem: et de Luc. xix. 5.
Pharisaeo et [6] de Publicano, qui simul adorabant in Templo. Et Luc. xviii. 9.
de decem leprosis, quos simul emundavit in via: et quoniam de Luc. xvii. 12.
vicis et plateis claudos, et luscos jussit colligi ad nuptias: et Luc. xiv. 21.
parabolam judicis qui Deum non timebat; quem instantia viduae Luc. xviii. 2.
fecit ut vindicaret eam. Et de arbore fici, quae erat in vinea, Luc. xiii. 6.
quae non faciebat fructum. Et alia multa sunt, quae inveniri
possunt a solo Luca dicta esse, quibus et Marcion, et Valen- Luc. xxiv. 27.
tinus utuntur. Et super haec omnia, post resurrectionem, in
via ad discipulos suos quae loquutus est, et quemadmodum cognoverunt eum in fractione panis.

4. Necesse est igitur et reliqua quae ab eo dicta sunt, recipere eos, aut et his renuntiare. Non enim conceditur eis, ab
his qui sensum habent, quaedam quidem recipere ex his quae a
Luca dicta sunt, quasi sint veritatis; quaedam vero refutare,
quasi non cognovisset veritatem. Et si quidem refutaverint hi
qui a Marcione sunt, non habebunt Evangelium: (hoc enim
quod est secundum Lucam, quemadmodum praediximus, decurtantes, gloriantur se habere Evangelium:) hi vero qui a Valentino sunt, cessabunt a plurimo vaniloquio suo: (ex hoc enim
multas occasiones subtililoquii sui acceperunt, interpretari au-
dentes male, quae ab hoc bene sunt dicta;) si autem et reliqua
suscipere cogentur, intendentes perfecto Evangelio, et Apostolorum doctrinae, oportet eos poenitentiam agere, ut salvari a
periculo possint.

[6] de, om. Harv.

CHAPTER XV.

Those who admit St. Luke cannot reject St. Paul. The Gnostics are reproved for their perversions of the truth, and for their reserve in teaching, which is contrary to the Spirit of the Gospel.

1. EADEM autem dicimus iterum et [1] his, qui Paulum Apostolum non cognoscunt, quoniam aut reliquis verbis Evangelii, quae per solum Lucam in nostram venerunt agnitionem, renuntiare debent, et non uti eis; aut si illa recipiunt omnia, habent necessitatem recipere etiam eam testificationem, quae est de Paulo, dicente ipso, primum quidem Dominum ei de coelo locutum: *Saule, Saule, quid me persequeris ? Ego sum Jesus Christus, quem tu persequeris:* deinde Ananiae, de eo [2] dicentem: *Vade, quoniam vas electionis mihi est iste, ut portet nomen meum in gentibus, et Regibus, et filiis Israel. Ego enim demonstrabo ei ex ipso, quanta oporteat eum pati propter nomen meum.* Qui igitur non recipiunt eum qui sit electus a Deo ad hoc, ut fiducialiter portet nomen ejus, quod sit missus ad quas praediximus gentes, electionem Domini contemnunt, et seipsos segregant ab Apostolorum conventu. Neque enim contendere possunt Paulum non esse Apostolum, quando in hoc sit electus : neque Lucam mendacem esse possunt ostendere, veritatem nobis cum omni diligentia annuntiantem. Fortassis enim et propter hoc operatus est Deus plurima Evangelii ostendi per Lucam, quibus necesse haberent omnes uti : ut sequenti testificationi ejus, quam habet de actibus et doctrina Apostolorum, omnes sequentes, et regulam veritatis inadulteratam habentes, salvari possint. Igitur testificatio ejus vera, et doctrina Apostolorum manifesta, et firma, et nihil subtrahens, neque alia quidem in abscondito, alia vero in manifesto docentium.

2. Hoc enim fictorum, et prave seducentium, et hypocritarum est molimen, quemadmodum faciunt hi, qui a Valentino sunt. Hi enim ad multitudinem, propter eos qui sunt ab Ecclesia, quos

Act. ix. 4, 5.

Act. ix. 15, 16.

---

[1] his; the Ebionites, of whom see I. xxvi. 2.   [2] 'dicente,' Harv.

[3] communes Ecclesiasticos ipsi dicunt, inferunt sermones, per quos capiunt simpliciores, et illiciunt eos, simulantes nostrum tractatum, ut saepius audiant; [4] qui etiam [5] queruntur de nobis, quod cum similia nobiscum sentiant, sine causa abstineamus nos a communicatione eorum, et cum eadem dicant, et eandem habeant doctrinam, vocemus illos haereticos : et cum dejecerint aliquos a fide per quaestiones, quae fiunt ab eis, et non contradicentes auditores suos fecerint, his separatim inenarrabile Plenitudinis suae enarrant mysterium. Decipiuntur autem omnes, qui quod est in verbis verisimile, se putant posse [6] discernere a veritate. Suasorius enim et verisimilis est, et exquirens fucos error : sine fuco autem est veritas, et propter hoc pueris credita est. Et si aliquis quidem ex his qui audiunt eos, quaerat solutiones, vel contradicat eis, hunc quasi non capientem veritatem, et non habentem de superioribus a Matre sua semen affirmantes, in totum nihil dicunt ei, mediarum partium dicentes esse illum, hoc est, psychicorum. Si autem aliquis, quasi parvam ovem, deditum semetipsum ipsis praebeat, [7] imitatione illorum et redemptionem illorum consecutus; est inflatus iste talis, neque in coelo, neque in terra putat se esse, sed intra Pleroma introisse, et complexum jam Angelum suum ; cum institorio, et supercilio incedit, gallinacei elationem habens. Sunt autem apud eos, qui dicunt, oportere bonam conversationem assequi eum hominem, qui sit desuper [8] adveniens : propter hoc et fingunt quodam supercilio gravitatem. Plurimi autem et contemptores facti, quasi jam perfecti, sine reverentia, et in contemptu viventes, semetipsos spiritales vocant, et se nosse jam dicunt eum, qui sit intra Pleroma ipsorum, refrigerii locum.

---

[3] ' communes et ecclesiasticos,' Harv. As the text stands the words can only mean ' common church-people.' Harvey takes ' Ecclesiasticos ' to be an interpretation of ' communes '= καθολικούς. On the origin of the use of the word ' Catholicus,' see Harvey's note.

[4] qui etiam, ' qui et jam,' Harv. [5] queruntur, ' quaeruntur,' Harv.

[6] discernere, ' discere,' Harv. [7] ' imitationem,' Harv.

[8] adveniens, ' veniens,' Harv.

3. Nos autem revertamur ad eundem tractatum. Cum enim declaratum sit manifesté, quoniam neminem alium Deum voca-verunt, vel Dominum nominaverunt, qui veritatis fuerunt prae-dicatores, et Apostoli libertatis, nisi solum verum Deum Patrem et Verbum ejus, qui in omnibus principatum habet; manifeste erit ostensum, Factorem coeli et terrae, [9]qui loquutus sit cum Moyse, et Legis dispositionem ei dederit, qui convocaverit patres, Dominum Deum confiteri eos, et alterum neminem nosse. Manifesta igitur et Apostolorum, et discentium eorum ex verbis ipsorum, de Deo facta est sententia.

CHAPTER XVI.

The Gnostic theory requires four Christs. St. Matthew and St. John speak
of one and the same Christ, Who is truly God and truly Man. St. Paul
speaks of one Christ Who is both Son of God and Son of David.
St. Mark, the angel Gabriel, David, Simeon, the Shepherds, the Magi,
John Baptist when unborn, bore testimony to Christ the Lord. Jesus
Who was born, and Who suffered, was the Son of God. Those, therefore, who divide Christ are inconsistent in their teaching. There is only
one God, and one Christ. Those who teach several Christs and several
Fathers are inwardly ravening wolves. St. Irenaeus repeats that St. Paul
knew only of one Christ.

1. Quoniam autem [1] sunt qui dicunt, Jesum quidem recepta-culum Christi fuisse, in quem desuper quasi columbam descen-disse Christum, et cum indicasset innominabilem Patrem, in-comprehensibiliter et invisibiliter intrasse in Pleroma: (non enim solum ab hominibus, sed ne ab his quidem, quae in coelo sunt, Potestatibus et Virtutibus apprehensum eum;) et esse quidem filium Jesum, patrem vero Christum, et Christi Patrem, Deum: [2] alii vero putative eum passum, naturaliter impassibilem exsistentem: qui autem a Valentino sunt, Jesum quidem, qui sit ex dispositione, ipsum esse qui per Mariam transierit, in quem illum de superiori Salvatorem descendisse, quem et

[9] 'et qui,' Harv.
[1] sunt qui dicunt, i.e. Cerinthus, of whom see above, I. xxvi. 1.
[2] alii vero, Basilides; see above, I. xxiv. 3.

Christum dici, quoniam omnium qui emisissent eum, haberet
vocabula : participasse autem cum eo, qui esset ex dispositione,
de sua virtute et de suo nomine, ut mors per hunc evacuaretur,
cognosceretur autem Pater per eum Salvatorem quidem qui
desuper descendisset, quem et ipsum receptaculum Christi et
universae Plenitudinis esse dicunt, lingua quidem unum Christum
Jesum`confitentes, divisi vero sententia : (etenim haec est ipso-
rum regula, quemadmodum praediximus, ut alterum quidem
Christum fuisse dicant, qui ab Unigenito ad correctionem Plenitudinis praemissus [3]est ; alterum vero Salvatorem esse in glori-
ficationem Patris missum ; alterum vero ex dispositione, quem
et passum dicunt, [4]recurrente in Pleroma Salvatore, qui Christum portabat :) necesse habemus, universam Apostolorum de
Domino nostro Jesu Christo sententiam adhibere, et ostendere,
eos non solum nihil tale sensisse de eo, verum amplius et signi-
ficasse per Spiritum sanctum, qui inciperent talia docere, sum-
missi a Satana, uti quorundam fidem everterent, et abstraherent
eos a vita.

2. Et quoniam Joannes unum et eundem novit Verbum Dei,
et hunc esse Unigenitum, et hunc incarnatum esse pro salute
nostra, Jesum Christum Dominum nostrum, sufficienter ex
ipsius Joannis sermone demonstravimus. Sed et Matthaeus
unum et eundem Jesum Christum cognoscens, eam quae est
secundum hominem generationem ejus ex Virgine exponens,
sicut promisit Deus David, ex fructu ventris ejus excitaturum Psal. cxxxii,
11.
se aeternum Regem, multo prius Abrahae eandem faciens promissionem, ait : *Liber generationis Jesu Christi, filii David, filii* Matt. i. 1.
Abraham. Dehinc ut liberaret mentem nostram a suspicione,
quae est circa Joseph, ait : *Christi autem generatio sic erat,* Matt. i. 18,
seqq.
Cum esset desponsata mater ejus Joseph, priusquam convenirent,
inventa est in utero habens de Spiritu sancto. Dehinc cum Joseph
cogitaret dimittere Mariam, quoniam praegnans erat, adsistentem ei [5]Angelum Dei, dicentem : *Ne timueris assumere Mariam*
conjugem tuam : quod enim habet in utero, de Spiritu sancto est.

---

[3] est, om. Harv.   [4] 'recurrentem in Pleroma Salvatorem,' Harv.
[5] 'Angelum Dei, et dicentem,' Harv.

Pariet autem Filium, et vocabis nomen ejus Jesum : hic enim salvabit populum suum a peccatis suis. *Hoc autem factum est, ut impleretur quod dictum est a Domino per Prophetam : Ecce, virgo accipiet in utero, et pariet filium, et vocabunt nomen ejus Emmanuel, quod est, Nobiscum Deus ;* manifeste significans, et eam promissionem, quae fuerat ad patres, [6]impletam, ex virgine natum Filium Dei, et hunc ipsum esse Salvatorem Christum, quem Prophetae praedicaverunt : non, sicut ipsi dicunt, Jesum quidem ipsum esse, qui ex Maria sit natus, Christum vero qui desuper descendit. Caeterum potuerat dicere Matthaeus : *Jesu vero generatio sic erat ;* sed praevidens Spiritus sanctus depravatores, et praemuniens contra fraudulentiam eorum, per Matthaeum ait : *Christi autem generatio sic erat ;* et quoniam hic est *Emanuel,* ne forte tantum eum hominem putaremus, (*non enim ex voluntate carnis, neque ex voluntate viri, sed ex voluntate Dei, Verbum caro factum est ;*) neque alium quidem Jesum, alterum autem Christum suspicaremur fuisse, sed unum et eundem sciremus esse.

Joan. 1, 13, 14.

3. Hoc ipsum interpretatus est Paulus, scribens ad Romanos : *Paulus Apostolus Jesu Christi, praedestinatus in Evangelium Dei, quod promisit per Prophetas suos in Scripturis sanctis de Filio suo, qui factus est ei ex semine David secundum carnem, qui praedestinatus est Filius Dei in virtute, per Spiritum sanctificationis ex resurrectione mortuorum, JESU CHRISTI Domini nostri.* Et iterum ad Romanos scribens de Israel, dicit : *Quorum patres, et ex quibus Christus secundum carnem, qui est Deus super omnes benedictus in saecula.* Et iterum in epistola, quae est ad Galatas, ait : *Cum autem venit plenitudo temporis, misit Deus Filium suum, factum ex muliere, factum sub Lege, ut eos qui sub Lege erant redimeret, ut adoptionem percipiamus ;* manifeste significans unum quidem Deum, qui per Prophetas promissionem de Filio fecerit ; unum autem Jesum Christum Dominum nostrum, qui de semine David secundum eam generationem, quae est ex Maria ; hunc destinatum Filium Dei Jesum Christum in virtute secundum Spiritum [7]sanctitatis,

Rom. i. 1, seqq.

Rom. ix. 5.

Gal. iv. 4, 5.

---

[6] 'adimpletam,' Harv.   [7] sanctitatis, 'sanctificationis,' Harv.

ex resurrectione mortuorum, ut sit primogenitus mortuorum,
quemadmodum et primogenitus in omni conditione; Filius Dei,
hominis filius factus, ut per eum adoptionem percipiamus,
portante homine et capiente, et complectente Filium Dei.
Propter hoc et Marcus ait: *Initium Evangelii Jesu Christi Filii* Marc. i. 1.
Dei, quemadmodum scriptum est in Prophetis: unum et eundem
sciens Filium Dei Jesum Christum, qui a Prophetis annuntiatus
est, qui ex fructu ventris David Emmanuel, *magni consilii* Esa. ix. 6.
Patris *nuntius,* per quem oriri fecit Deus domui David Orientem Jerem.
et justum, et erexit ei cornu salutis, et *suscitavit testimonium in* xxxiii. 15. Esa. xli. 2.
Jacob, quemadmodum David causas generationis ejus disserens Luc. i. 69.
ait, *et legem posuit in Israel, ut cognoscat generatio altera: filii* Psal.
qui nascentur ex his, et ipsi exsurgentes enarrabunt filiis suis, lxxviii. 5, 6, 7.
ut ponant in Deum spem suam, et praecepta ejus exquirant. Et
rursus Angelus evangelizans Mariae, ait: *Hic erit magnus, et* Luc. i. 32.
*Filius Altissimi vocabitur, et dabit ei Dominus thronum David
patris sui;* eum qui sit Filius Altissimi, hunc eundem et David
filium confitens. Cujus et David dispositionem adventus per
Spiritum cognoscens, per quam dominans est omnium vivorum
et mortuorum, Dominum eum confessus est, sedentem ad Psal. cx. 1.
dextram Patris altissimi.

4. Et Simeon autem ille, qui responsum acceperat a Spiritu
sancto, non visurum eum mortem, nisi prius videret Christum
Jesum, hunc manibus accipiens Virginis primogenitum, benedixit Deum, et dixit: *Nunc dimittis servum tuum, Domine,* Luc. ii. 29,
secundum verbum tuum in pace: quia viderunt oculi mei salu- seqq.
*tare tuum: quod parasti ante faciem omnium populorum, lumen
[8] ad revelationem gentium, et gloriam populi tui Israel;* infantem,
quem in manibus portabat Jesum, natum ex Maria, ipsum
confitens esse Christum Filium Dei, [9]lumen hominum, et
gloriam ipsius Israel, et pacem et refrigerium eorum qui in
dormitionem ierunt. Jam enim [10]spoliabat homines, auferens
ignorantiam ipsorum, suam autem agnitionem eis donans, et

---

[8] ' *in,*' Harv.   [9] lumen hominum, ' omnium,' Harv.
[10] ' exspoliabat,' Harv.

The Person of Christ

dispartitionem faciens eorum qui cognoscebant eum, quem-
Esa. viii. 3.   admodum Esaias: *Voca*, inquit, *nomen ejus, Velociter spolia,*
celeriter dispartire.   Haec sunt autem opera Christi.   Ipse
igitur erat Christus, quem portans Simeon benedicebat Altis-
simum; quem pastores cum vidissent, glorificabant Deum;
quem Joannes, cum adhuc in ventre matris suae esset, et ille
in vulva Mariae, Dominum cognoscens, exsultans salutabat;
quem Magi videntes, et adorantes, et afferentes munera, quae
praediximus, et substernentes semetipsos aeterno Regi, per
alteram abierant viam, non jam per Assyriorum revertentes
Esa. viii. 4.   viam. *Priusquam enim cognoscet puer vocare patrem, aut matrem,*
accipiet virtutem Damasci, et spolia Samariae, contra Regem As-
syriorum; occulte quidem, sed [11]potenter manifestans, quoniam
absconsa manu expugnabat Dominus Amalech.   Propter hoc
et pueros eripiebat, qui erant in domo David, bene sortiti illo
tempore nasci, ut eos praemitteret in suum Regnum.; ipse
infans cum esset, infantes hominum martyres parans, propter
Christum, qui in Bethleem natus est Judae; in civitate David,
interfectos secundum Scripturas.

5. Propter quod et Dominus discipulis post resurrectionem
Luc. xxiv. 25.   dicebat: *O insensati, et tardi corde ad credendum in omnibus*
quae loquuti sunt Prophetae! Nonne haec oportebat pati Chris-
Luc. xxiv.   *tum, et introire in claritatem suam?*   Et iterum ait eis: *Hi*
44, seqq.   *sunt sermones, quos loquutus sum ad vos, cum adhuc essem*
vobiscum, quoniam oportet impleri omnia scripta in Lege Moysi,
et Prophetis, et Psalmis de me.   Tunc adaperuit eorum sen-
sum, ut intelligerent Scripturas, et dixit ad eos: Quoniam [12]*sic*
scriptum est, Christum pati, et resurgere a mortuis, et praedi-
cari in [13]*nomine ejus remissionem peccatorum in omnes gentes.*
Marc. viii. 31.   Hic autem est, qui ex Maria natus est.   *Oportet enim*, inquit,
Filium hominis multa pati, et reprobari, et crucifigi, et die tertio
resurgere.   Non ergo alterum filium hominis novit Evangelium,

[11] '`potenter omnia manifestans,' Harv.
[12] '*sic scriptum est [et sic oportebat] Christus,*' Harv.
[13] '*nominis ejus [poenitentiam in] remissionem,*' Harv.

nisi hunc qui ex Maria, qui et passus est; sed neque Christum
avolantem ante passionem ab Jesu: sed hunc qui natus est,
Jesum Christum novit Dei Filium, et eundem hunc passum
resurrexisse, quemadmodum Joannes Domini discipulus con-
firmat, dicens : *Haec autem scripta sunt, ut credatis quoniam Jesus* Joan. xx. 31.
est Filius Dei, et ut credentes vitam aeternam habeatis in nomine
ejus; providens has blasphemas regulas, quae dividunt Dominum, quantum ex ipsis attinet, ex altera et altera substantia
dicentes eum factum.   Propter quod et in epistola sua sic
testificatus est nobis : *Filioli, novissima hora est, et quemad-* 1 Joan. ii.
modum audistis quoniam Antichristus venit, nunc Antichristi 18, seqq.
multi facti sunt : unde cognoscimus quoniam novissima hora est.
Ex nobis exierunt, sed non erant ex nobis : si enim fuissent ex
nobis, permansissent utique nobiscum : sed ut manifestarentur quo-
niam non sunt ex nobis. Cognoscite ergo quoniam omne menda-
cium extraneum est, et non est de veritate. Quis est mendax, nisi
qui negat quoniam Jesus non est Christus? hic est Antichristus.

6. Quia autem omnes, qui praedicti sunt, etsi lingua quidem
confitentur unum Jesum Christum, semetipsos derident, aliud
quidem sentientes, aliud vero dicentes ; (etenim argumenta illorum varia, quemadmodum ostendimus;) alterum quidem passum,
et natum hunc esse Christum annuntiant, et esse alterum eorum
[14] Demiurgi, (autem) qui sit ex dispositione, vel eum qui sit ex
Joseph, [15] quemque passibilem argumentantur ; alterum vero
eorum ab invisibilibus et inenarrabilibus descendisse, quem et
invisibilem, et incomprehensibilem, et impassibilem esse confirmant, errantes a veritate, eo quod absistat sententia eorum
ab eo qui est vere Deus : nescientes quoniam hujus Verbum
unigenitus, qui semper humano generi adest, unitus et consparsus suo plasmati secundum placitum Patris, et caro factus,
ipse est Jesus Christus Dominus noster, qui passus est pro
nobis, et surrexit propter nos ; et rursus venturus in gloria
Patris, ad resuscitandum universam carnem, et ad ostensionem
salutis, et regulam justi judicii ostendere omnibus, qui sub ipso

---

[14] 'Demiurgi autem,' Harv.   [15] 'quem et,' Harv.

facti sunt. Unus igitur Deus Pater, quemadmodum ostendimus, et unus Christus Jesus Dominus noster, veniens per universam dispositiónem, et omnia in semetipsum recapitulans. In omnibus autem est et homo, plasmatio Dei : et hominem ergo in semetipsum recapitulans est, invisibilis visibilis factus, et incomprehensibilis factus comprehensibilis, et impassibilis passibilis, et Verbum homo, universa in semetipsum recapitulans : uti sicut in supercoelestibus, et spiritalibus, et invisibilibus princeps est Verbum Dei; sic et in visibilibus, et corporalibus principatum habeat, in semetipsum primatum assumens, et apponens semetipsum caput Ecclesiae, universa attrahat ad semetipsum apto in tempore.

7. Nihil enim incomptum atque intempestivum apud eum, quomodo nec incongruens est apud Patrem. Praecognita sunt enim [16] omnia a Patre, perficiuntur autem a Filio, sicut congruum et consequens est, apto tempore. Propter hoc properante Maria ad admirabile vini signum, et ante tempus volente participare [17] compendii poculo, Dominus repellens ejus intempes-

Joan. ii. 4. tivam festinationem, dixit : *Quid mihi et tibi est, mulier ? nondum venit hora mea;* exspectans eam horam quae est a Patre praecognita. Propter hoc cum saepe vellent eum homines appre-

Joan. vii. 30. hendere : *Nemo,* inquit, *immisit manus ei : nondum enim venerat hora apprehensionis,* nec tempus passionis, quod praecognitum

Abac. iii. 2. fuerat a Patre ; quemadmodum et Abacuc Propheta ait : *In eo cum appropinquarint anni, cognosceris, in adventu temporis ostenderis, in eo quod turbetur anima mea in ira, misericordiae tuae*

Galat. iv. 4. *memoraberis.* Sed et Paulus ait : *Cum autem venit plenitudo temporis, misit Deus filium suum.* Per quod manifestum est, quoniam omnia quae praecognita erant a Patre, ordine et tempore, et hora praecognita et apta perfecit Dominus noster, unus quidem et idem exsistens, dives autem et multus. Diviti enim et multae voluntati Patris deservit, cum sit ipse Salvator eorum qui salvantur, et Dominus eorum qui sunt sub dominio, et Deus

---

[16] 'haec omnia,' Harv.

[17] compendii poculo ; cf. supr. xi. 5. The wine which was made by a shorter process-than the usual course of nature.

eorum. quae constituta sunt, et unigenitus Patris, et Christus qui praedicatus est, et Verbum Dei incarnatus, cum advenisset plenitudo temporis, in quo Filium hominis fieri oportebat filium Dei.

8. Igitur omnes extra dispositionem sunt, qui sub obtentu agnitionis alterum quidem Jesum intelligunt, alterum autem ·Christum, et alterum Unigenitum; (ab hoc autem [18]rursum esse Verbum;) et alterum·Salvatorem, quem etiam_eorum qui in deminoratione facti sunt Aeones, emissionem esse dicunt hi qui sunt erroris discipuli: qui a foris quidem oves, (per eam enim quam habent extrinsecus loquelam, similes nobis apparent, eadem nobiscum loquentes;) intrinsecus vero lupi. Sententia enim eorum homicidialis, [19]Deos quidem plures confingens, et Patres multos simulans ; ⁻comminuens autem et per multa dividens Filium Dei: quos et Dominus nobis cavere praedixit, Matt. vii. 15: et discipulus ejus Joannes in praedicta epistola fugere eos praecepit dicens: *Multi seductores exierunt in hunc mundum, qui non* 2 Joan. 7, 8. *confitentur Jesum Christum in carne venisse. Hic est seductor et Antichristus. Videte eos, ne perdatis quod operati estis.* Et rursus in epistola ait: *Multi pseudo-prophetae exierunt de saeculo. In* 1 Joan. iv. 1, *hoc cognoscite Spiritum Dei. Omnis spiritus qui confitetur Jesum* 2, 3, *Christum in·carne venisse, ex. Deo est.* ·*Et omnis spiritus* [20]*qui solvit Jesum, non est ex Deo,·sed de Antichristo est.* Haec autem similia sunt illi, quod in. Evangelio dictum est, quoniam *Verbum* Joan. i. 14. *caro factum est, et* [21]*inhabitavit in nobis.*

Διὸ πάλιν ἐν τῇ ἐπιστολῇ φησί· Πᾶς ὁ πιστεύων ὅτι Ἰησοῦς Χριστὸς, ἐκ τοῦ Θεοῦ γεγέννηται· ἕνα καὶ αὐτὸν εἰδὼς Ἰησοῦν Χριστὸν, ᾧ ἠνοίχθησαν αἱ πύλαι τοῦ οὐρανοῦ, διὰ τὴν ἔνσαρκον

Propter quod rursus in epistola clamat: *Omnis. qui credit quia* 1 Joan. v. 1, *Jesus est Christus, ex Deo natus est;* unum et eundem sciens Jesum Christum, cui apertae sunt portae coeli, propter carnalem

---

[18] 'rursum est Verbum,' Harv.   [19] Deos plures ; vid. Cyr. Catech. vi. 17.
[20] '*qui solvit Jesum Christum,*' Harv.   This is the reading in the Vulgate.
[21] '*habitavit,*' Harv.

ἀνάληψιν᾽ αὐτοῦ· ὃς καὶ ἐν τῇ αὐτῇ σαρκὶ, ἐν ᾗ καὶ ἔπαθεν,
ἐλεύσεται, τὴν δόξαν ἀποκαλύπτων τοῦ Πατρός.

ejus assumptionem: qui etiam in eadem carne in qua passus
est, veniet, gloriam revelans Patris.

9. Et Paulus autem his consentiens, Romanos alloquens, ait:
Multo magis hi, qui abundantiam gratiae et justitiae accipiunt in
vitam, regnabunt per unum Jesum Christum. Nescit ergo eum
qui evolavit Christum a Jesu; neque eum novit Salvatorem qui
sursum est, quem impassibilem dicunt. Si enim alter quidem
passus est, alter autem impassibilis mansit; et alter quidem
natus est, alter vero in eum, qui natus est, descendit, et rursus
reliquit eum; non unus, sed duo monstrantur. Quoniam autem
unum eum, et qui natus est, et qui passus est, Christum Jesum
novit Apostolus, in eadem epistola iterum dicit: *An ignoratis,*
quoniam quotquot baptizati sumus in Christo Jesu, in morte ejus
baptizati sumus? ut quemadmodum resurrexit Christus a mortuis,
sic et nos in novitate vitae ambulemus. Rursus autem significans
Christum passum, et ipsum esse Filium Dei, qui pro nobis mortuus est, et sanguine suo redemit nos in praefinito tempore, ait:
Ut quid enim Christus, cum adhuc essemus infirmi, secundum
tempus pro impiis mortuus est? Commendat autem suam dilec-
tionem Deus in nobis, quoniam cum adhuc essemus peccatores, pro
nobis Christus mortuus est: multo magis justificati nunc in san-
guine ejus, salvi erimus per ipsum ab ira. Si enim cum essemus
inimici, reconciliati sumus Deo per mortem Filii ejus, multo magis
reconciliati, salvi erimus in vita ejus. Hunc eundem qui appre-
hensus, et passus est, et effudit sanguinem suum pro nobis, hunc
Christum, hunc Filium Dei manifestissime annuntians, qui etiam
surrexit, et assumptus est in coelos, quemadmodum ipse ait:
Simul autem Christus mortuus est, immo [22] *et resurrexit, qui est in*
dextera Dei. Et iterum: *Scientes quoniam Christus resurgens a*
mortuis, jam non moritur. (Praevidens enim et ipse per Spiritum subdivisiones malorum magistrorum, et omnem ipsorum
occasionem dissensionis volens abscindere, ait quae praedicta

Rom. v. 17.

Rom. vi. 3, 4.

Rom. v. 6,
seqq.

Rom. viii. 34.
Rom. vi. 9.

[22] '*qui et*,' Harv.

sunt:) *Si autem Spiritus ejus, qui suscitavit Jesum a mortuis,* Rom. viii. 11.
[23]*inhabitat in vobis; qui suscitavit Christum a mortuis, vivificabit et mortalia corpora vestra.* Unum quod non exclamat ad eos, qui volunt audire: [24]Nolite errare; unus et idem est Christus Jesus Filius Dei, qui per passionem reconciliavit nos Deo, et resurrexit a mortuis, qui est in dextera Patris, et perfectus in omnibus: qui cum vapularet, non repercutiebat; *qui cum pateretur,* 1 Pet. ii. 23. *non est* [25]*minitatus ;* et cum tyrannidem pateretur, rogabat Patrem ut ignosceret his qui se crucifixerant. Ipse enim vere salvavit: ipse est [26]Verbum Dei, ipse unigenitus a Patre, Christus Jesus Dominus noster.

CHAPTER XVII.

The Holy Ghost descended upon Jesus, not 'the Saviour' or 'Christ.' Jesus received the Spirit for Which David longed. From Him we receive the Spirit. He falls upon us as rain upon the parched earth, or as the dew upon Gideon's fleece. We must give no heed to the heretics. They give us gypsum and water to drink, instead of the milk of God.

1. ETENIM potuerunt dicere Apostoli, Christum descendisse Matt. iii. 16. in Jesum; aut illum superiorem Salvatorem, in eum qui sit dispositionis; aut illum qui est ab invisibilibus, in eum qui est Demiurgi: sed nihil quidem tale neque scierunt, neque dixerunt; si enim scissent, et dixissent utique: quod autem erat, hoc et dixerunt, Spiritum Dei sicut columbam descendisse in eum; hunc Spiritum, de quo ab Esaia dictum est: *Et requi-* Esa. xi. 2. *escet super eum Spiritus Dei ;* sicut praediximus. Et iterum: *Spiritus Domini super me, propter quod unxit me.* Iste Spiritus, Esa. lxi. 1. de quo ait Dominus: *Non enim vos estis qui loquimini, sed Spi-* Matt. x. 20. *ritus Patris vestri qui loquitur in vobis.* Et iterum potestatem regenerationis in Deum dans discipulis, dicebat eis: *Euntes* Matt. xxviii. *docete omnes gentes, baptizantes eos in nomine Patris, et Filii, et* 19. *Spiritus sancti.* Hunc enim promisit per Prophetas effundere Joel ii. 28, 29. in novissimis temporibus super servos et ancillas, ut prophetent: unde et in Filium Dei, filium hominis factum, descendit, cum

---

[23] ' *habitat,*' Harv.   [24] ' quoniam nolite,' Harv.
[25] minitatus, ' *minatus,*' Harv.   [26] 'est enim,' Harv.

ipso assuescens habitare in genere humano, et requiescere in
hominibus, et habitare in plasmate Dei, voluntatem Patris
operans in ipsis, et renovans eos a vetustate in novitatem
Christi.

Psal. li. 12.
Act. ii.

2. Hunc Spiritum petiit David humano generi, dicens : *Et
Spiritu principali confirma me.*   Quem et descendisse Lucas ait
post ascensum Domini super discipulos in Pentecoste, habentem
potestatem omnium gentium ad introitum vitae et [1]adapertionem
novi Testamenti: unde et omnibus linguis conspirantes hymnum
dicebant Deo, Spiritu ad unitatem redigente distantes tribus, et

Joan. xvi. 7.

primitias omnium gentium offerente Patri.   Unde et Dominus
pollicitus est mittere se Paracletum, qui nos aptaret Deo.   Sicut
enim de arido tritico massa una fieri non potest sine humore,
neque unus panis : ita nec nos multi unum fieri in Christo Jesu
poteramus, sine aqua quae de coelo est.   Et sicut arida terra,
si non percipiat humorem, non fructificat: sic et nos, lignum
aridum exsistentes primum, nunquam fructificaremus vitam, sine
superna voluntaria pluvia.   Corpora enim nostra per lavacrum
illam, quae est ad incorruptionem, unitatem acceperunt: animae
autem per Spiritum.   Unde et utraque necessaria, cum utraque

Joan. iv. 7.

proficiunt in vitam Dei, miserante Domino nostro Samaritanae
illi praevaricatrici, quae in uno viro non mansit, sed fornicata
est in multis nuptiis, et ostendente ei, et pollicente aquam vivam,
ut ulterius non sitiret, neque occuparetur ad humectationem
aquae laboriosae, habens in se potum salientem in vitam aeternam.   [2]Quod Dominus accipiens munus a Patre, ipse quoque
his donavit qui ex ipso participantur, in universam terram
mittens Spiritum Sanctum.

Jud. vi. 37.

3. Hanc muneris gratiam praevidens Gedeon ille Israelita,
quem elegit Deus, ut salvaret populum Israel de potentatu
alienigenarum, demutavit petitionem, et super vellus lanae, in
quo tantum primum ros fuerat, quod erat typus populi, aridita-
tem futuram prophetans ; hoc est, non jam habituros eos a

Esa. v. 6.

Deo Spiritum sanctum, sicut Esaias ait: *Et nubibus mandabo ne
pluant super eam ;* in omni autem terra fieri ros, quod est Spiri-

---

[1] 'ad apertionem,' Harv.   [2] quod Dominus, 'quam,' Harv.

tus Dei, qui descendit in Dominum, *spiritus sapientiae et intel-* Esa. xi. 2.
lectus, spiritus consilii et virtutis, spiritus scientiae et pietatis,
spiritus 'timoris Dei : quem ipsum iterum dedit Ecclesiae, in
omnem terram mittens de coelis Paracletum, ubi et diabolum,
tanquam fulgur, projectum ait Dominus.   Quapropter neces- Luc. x. 18.
sarius nobis est ros Dei, ut non comburamur, neque infructuosi
efficiamur, et ubi accusatorem habemus, illic habeamus et paracletum : commendante Domino Spiritui sancto suum hominem,
qui inciderat in latrones, cui ipse misertus est, et ligavit vulnera
ejus, dans duo denaria regalia, ut per Spiritum imaginem et in-
scriptionem Patris et Filii accipientes, fructificemus creditum
nobis denarium, multiplicatum Domino annumerantes.

4. Τοῦ Πνεύματος οὖν κατελθόντος διὰ τὴν προωρισμένην
οἰκονομίαν, καὶ τοῦ Υἱοῦ τοῦ Θεοῦ μονογενοῦς, ὃς καὶ Λόγος
ἐστὶ τοῦ Πατρὸς, ἐλθόντος τοῦ πληρώματος τοῦ χρόνου, σαρκω-
θέντος [3] ἐν ἀνθρώπῳ, καὶ πᾶσαν τὴν κατὰ ἄνθρωπον οἰκονομίαν
ἐκπληρώσαντος, τοῦ Κυρίου ἡμῶν Ἰησοῦ, ἑνὸς καὶ τοῦ αὐτοῦ
ὄντος, ὡς αὐτὸς ὁ Κύριος μαρτυρεῖ, καὶ οἱ ἀπόστολοι ὁμολο-
γοῦσι, καὶ οἱ προφῆται κηρύττουσι· ψευδεῖς ἀπεδείχθησαν πᾶσαι αἱ διδασκαλίαι τῶν 'τὰς ὀγδοάδας καὶ τετράδας καὶ δοκήσεις
παρεξευρηκότων,

4. Spiritu itaque descendente super praedictam dispositionem,
et Filio Dei unigenito, qui et Verbum est Patris, veniente plenitudine temporis, incarnato in homine propter hominem, et
omnem secundum hominem dispositionem implente Jesu
Christo Domino nostro, uno et eodem exsistente, sicut et ipse
Dominus testatur, et Apostoli confitentur, et Prophetae annuntiant; mendaces ostensae sunt universae doctrinae eorum, qui
octonationes et quaternationes putativas adinvenerunt, et subdivisiones excogitaverunt: qui Spiritum quidem interimunt,
alium autem Christum, et alium Jesum intelligunt, et non unum
Christum, sed plures fuisse docent: et si unitos eos dixerint,
iterum ostendunt eum quidem participasse passionem, hunc

---

[3] ἐν ἀνθρώπῳ, 'adde δι' ἄνθρωπον,' Harv.

autem impassibilem perseverasse; et hunc quidem ascendisse in Pleroma, hunc autem in medietate remansisse; et hunc quidem in invisibilibus et innominabilibus epulari et oblectari, hunc autem assidere Demiurgo, evacuantem eum virtute. Unde oportebit et te, et omnes qui intendunt huic scripturae, et soliciti sunt pro sua salute, non, quum audiunt forinsecus eorum sermones, sponte succumbere. Similia enim loquentes fidelibus, sicut praediximus, non solum dissimilia sapiunt, sed et contraria, et per omnia plena blasphemiis, per quae interficiunt eos, qui per similitudinem verborum dissimile affectionis eorum in se attrahunt venenum : sicut quis aquae mixtum gypsum dans pro lacte, seducat per similitudinem coloris, [4] sicut quidam dixit superior nobis, de omnibus qui quolibet modo depravant quae sunt Dei, et adulterant veritatem. In Dei lacte gypsum male miscetur.

CHAPTER XVIII.

The same subject is continued. The Word existed before the Incarnation, but became Incarnate for our salvation. St. Paul knew of only one Christ, Emmanuel, Whose Name implies the Father, the Son, and the Holy Ghost. Christ taught that the Son of Man Who suffered was also the Son of God. He taught us to take up His Cross, therefore He must have really taken it up Himself. The honour of Martyrdom. Christ's sufferings were real, and not apparent. The Redeemer must be both God and Man, otherwise He could not free man from sin which the Law brought to light.

1. Ostenso manifeste, quod in principio Verbum exsistens apud Deum, per quem omnia facta sunt, qui et semper aderat generi humano, hunc in novissimis temporibus secundum praefinitum tempus a Patre, unitum suo plasmati, passibilem hominem factum; exclusa est omnis contradictio dicentium : Si ergo tunc natus est, non erat ergo ante Christus. Ostendimus enim,

---

[4] sicut quidam dixit. St. Irenaeus cites here, as in his general preface, § 2, from some earlier writer. See Euseb. Hist. Eccl. v. 8, and cf. inf. xxiii. 3, ' quemadmodum ex veteribus quidam ait.'

quia non tunc coepit Filius Dei, exsistens semper apud Patrem ; sed quando incarnatus est, et homo factus, longam hominum expositionem in seipso recapitulavit, [1] in compendio nobis salutem praestans, ut quod perdideramus in Adam, id est, secundum imaginem et similitudinem esse Dei, hoc in Christo Jesu reciperemus.

2. Quia enim non erat possibile, eum hominem, qui semel victus fuerat, et elisus per inobedientiam, replasmare, et obtinere bravium victoriae ; iterum autem impossibile erat, ut salutem perciperet, qui sub peccato ceciderat : utraque operatus est Filius, Verbum Dei exsistens, a Patre descendens, et incarnatus, et usque ad mortem descendens, et dispensationem consummans salutis nostrae, cui credere nos indubitate adhortans, iterum dicit : *Ne dixeris in corde tuo : Quis ascendit in coelum ?* Rom. x. 6, 7. *hoc est, Christum deducere. Aut, quis descendit in abyssum ? hoc est, Christum a mortuis liberare.* Deinde infert : *Quoniam si* Rom. x. 9. *confitearis in ore tuo Dominum Jesum, et credideris in corde tuo, quoniam Deus illum excitavit a mortuis, salvus eris.* Et rationem reddidit [2] propter quam haec fecit Verbum Dei, dicens : *In hoc enim Christus et vixit, et mortuus est, et resurrexit, ut* Rom. xiv. 9. *vivorum et mortuorum dominetur.* Et iterum ad Corinthios scribens ait : *Nos autem annuntiamus Christum Jesum crucifixum;* 1 Cor. i. 23. Et infert : *Calix benedictionis, quem benedicimus, nonne communi-* 1 Cor. x. 16. *catio sanguinis est Christi ?*

3. Quis est autem qui communicavit nobis de escis ? Utrum is qui ab illis affingitur sursum Christus, superextensus Horo, id est, fini, et formavit eorum Matrem : an vero qui ex virgine est Emmanuel, qui butyrum et mel manducavit, de quo ait Pro- Esa. vii. 14, 15. pheta : *Et homo est, et quis cognoscet eum ?* Hic idem a Paulo Jer. xvii. 9. annuntiabatur : *Tradidi enim,* inquit, *vobis in primis, quoniam* 1 Cor. xv. 3, *Christus mortuus est pro peccatis nostris secundum Scripturas, et* 4. *quoniam sepultus est, et resurrexit tertia die secundum Scripturas.*

Φανερὸν οὖν, ὅτι Παῦλος ἄλλον Χριστὸν οὐκ οἶδεν, ἀλλ' ἢ Manifestum est igitur, quoniam Paulus alterum Christum nescit,

---

[1] in compendio, cf. supr. xvi. 7.   [2] 'propter quam causam,' Harv.

τοῦτον τὸν καὶ παθόντα, καὶ ταφέντα, καὶ ἀναστάντα, καὶ γεννη-
θέντα, ὃν καὶ ἄνθρωπον λέγει. εἰπὼν γὰρ, εἰ δὲ Χριστὸς κη-
ρύσσεται, ὅτι ἐκ νεκρῶν ἐγήγερται, ἐπιφέρει, τὴν αἰτίαν ἀποδι-
δοὺς τῆς σαρκώσεως αὐτοῦ· ἐπειδὴ γὰρ δι᾽ ἀνθρώπου ὁ θάνατος,
δι᾽ ἀνθρώπου ἀνάστασις ἐκ νεκρῶν. καὶ πανταχοῦ ἐπὶ τοῦ πάθους τοῦ Κυρίου ἡμῶν, καὶ τῆς ἀνθρωπότητος αὐτοῦ, καὶ τῆς
νεκρώσεως, τῷ τοῦ Χριστοῦ κέχρηται ὀνόματι, ὡς ἐπὶ τοῦ· μὴ
τῷ βρώματί σου ἐκεῖνον ἀπόλλυε, ὑπὲρ οὗ Χριστὸς ἀπέθανε.
καὶ πάλιν, νυνὶ δὲ ἐν Χριστῷ, οἱ ποτὲ ὑμεῖς ὄντες μακρὰν, ἐγεν-
νήθητε ἐγγὺς, ἐν τῷ αἵματι τοῦ Χριστοῦ. καὶ πάλιν, Χριστὸς
ἡμᾶς ἐξηγόρασεν ἐκ τῆς κατάρας τοῦ νόμου, γενόμενος ὑπὲρ
ἡμῶν κατάρα. γέγραπται γὰρ, ἐπικατάρατος πᾶς ὁ κρεμάμενος
ἐπὶ ξύλου.

nisi hunc solum, qui et passus est, et sepultus est, et resurrexit,
qui et natus est, quem et hominem dixit. Cum enim dixisset:
ı Cor. xv. 12. *Si autem Christus annuntiatur, quoniam a mortuis resurrexit;*
ı Cor. xv. 21. intulit, rationem reddens incarnationis ejus: *Quoniam per ho-*
minem mors, et per hominem resurrectio mortuorum. Et ubique
in passione Domini nostri, et humanitate, et mortificatione ejus,
Rom. xiv. 15. Christi usus est nomine, quemadmodum in illo: *Noli escà tua*
Ephes. ii. 13. *perdere illum, pro quo Christus mortuus est.* Et iterum: *Nunc*
autem in Christo vos, qui aliquando fuistis longe, facti estis
Gal. iii. 13. *proximi in sanguine Christi.* Et iterum: *Christus nos redemit*
de maledicto Legis, factus pro nobis maledictum; quoniam scrip-
ı Cor. viii. 11. *tum est: Maledictus omnis qui pendet in ligno.* Et iterum: *Et*
periet infirmus in tua scientia frater, propter quem Christus mor-
tuus est; significans, quoniam non Christus impassibilis descendit in Jesum, sed ipse, Jesus Christus cum esset, passus est
pro nobis, qui decubuit et resurrexit, qui descendit et ascendit,
Filius Dei, filius hominis factus: quemadmodum et ipsum nomen significat. In Christi enim nomine subauditur qui unxit,
et ipse qui unctus est, et ipsa unctio in qua unctus est. Et
unxit quidem Pater, unctus est vero Filius, in Spiritu, qui est
Esa. lxi. 1. unctio; quemadmodum per Esaiam ait sermo: *Spiritus Dei*
super me, propter quod unxit me; significans et ungentem

Patrem, et unctum Filium, et unctionem, qui est Spiritus.

4. Et ipse autem Dominus manifestum facit eum, qui est passus. Cum enim interrogasset discipulos : *Quem me homines* Matt. xvi. 13, *dicunt esse filium hominis?* [3]Petrus cûm respondisset : *Tu es* seqq. *Christus Filius Dei vivi;* et cum laudatus esset ab eo, *Quoniam caro et sanguis non revelavit ei, sed Pater qui est in coelis ;* manifestum fecit, quoniam filius hominis hic est Christus Filius Dei vivi : *Ex eo enim,* inquit, *coepit demonstrare discentibus,* Matt. xvi. 21. *quoniam oportet illum Hierosolymam ire, et multa pati a sacerdotibus, et reprobari, et crucifigi, et tertia die resurgere.* Ipse qui agnitus est a Petro Christus, qui eum beatum dixit, quoniam Pater ei revelavit Filium Dei vivi, dixit, semetipsum oportere multa pati et crucifigi : et tunc Petro increpavit, secundum opinionem hominum putanti eum esse Christum, et passionem ejus aversanti, et dixit discipulis : *Si quis vult post me venire,* Matt. xvi. 24, *neget se, et tollat crucem suam, et sequatur me. Qui enim vo-* 25. *luerit animam suam salvare, perdet illam : et qui eam perdiderit propter me, salvabit eam.* Haec enim Christus manifeste dicebat, ipse exsistens Salvator eorum, qui propter suam confessionem in mortem traderentur, et perderent animas suas.

5. Si autem ipse non erat passurus, sed avolaret a Jesu, quid et adhortabatur discipulos tollere crucem, et sequi se, quam ipse non tollebat secundum ipsos, sed relinquebat dispositionem passionis? Quoniam enim non de agnitione superioris crucis dicit hoc, quemadmodum quidam audent exponere, sed de passione, quam oportebat illum pati, et ipsi discipuli ejus futurum erat ut paterentur, intulit : *Quicumque enim salvaverit animam suam, perdet eam : et qui perdiderit, inveniet eam.* Et quoniam passuri erant discipuli ejus propter eum, dicebat Judaeis : *Ecce, mitto ad vos Prophetas, et sapientes, et doctores,* Matt. xxiii. *et ex his interficietis et crucifigetis.* Et discipulis dicebat : *Ante* Matt. x. 18, 34. *Duces et Reges stabitis propter me, et ex vobis flagellabunt, et* seqq. *interficient, et persequentur a civitate in civitatem.* Sciebat igitur

---

[3] 'et Petrus cum respondisset,' Harv.

G

et eos qui persecutionem passuri essent, sciebat et eos qui
flagellari, et occidi haberent propter eum. Et non altera de
cruce, sed de passione, quam passurus esset ipse prior, post
deinde discipuli ⁴ejus, erat ergo sermo ejus, ⁵adhortantis etiam

_{Matt. x. 28.} illos : *Nolite timere⁰ eos, qui occidunt corpus, animam autem non
possunt occidere.: timete autem magis eum, qui habet potestatem,
et corpus, et animam mittere in gehennam;* et servare eas quae

_{Matt. x. 32,
seqq.} essent ad eum confessiones. Etenim ipse confessurum se pro-
mittebat coram Patre ⁶ suo eos, qui confiterentur nomen suum

_{Mar. viii. 38.} coram hominibus; negaturum autem eos qui negarent eum,
et confusurum qui confunderentur confessionem ejus. Et cum
haec ita se habeant, ad tantam temeritatem progressi sunt
quidam, ut etiam Martyres spernant, et vituperent eos qui
propter Domini confessionem occiduntur, et sustinent omnia
a Domino praedicta, et secundum hoc conantur vestigia assequi
passionis Domini, ⁷passibilis Martyres facti; quos et con-
cedimus ipsis martyribus. Cum enim inquiretur sanguis eorum,
et gloriam consequentur, tunc a Christo confundentur omnes
qui inhonoraverunt eorum martyrium. Et ex hoc autem quod

_{Luc. xxiii. 34.} Dominus in cruce dixerit : *Pater,* ⁸ *remitte eis, non enim sciunt
quid faciunt;* longanimitas, et patientia, et misericordia, et
bonitas Christi ostenditur, ut et ipse pateretur, et ipse excusaret
eos qui se male tractassent. Verbum enim Dei quod nobis

_{Matt. v. 44.} dixit : *Diligite inimicos vestros, et orate pro eis qui vos oderunt;*
ipse hoc fecit in cruce, in tantum diligens humanum genus, ut
etiam pro his, qui se interficerent, postularet. Si quis autem,
⁹ quasi duorum exsistentium, judicium de his faciat, invenietur
multo melior, et patientior, et vere bonus, qui in vulneribus
ipsis, et plagis, et reliquis quae in eum commiserunt, beneficus
est, nec memor est in se commissae malitiae, eo qui avolavit,
nec ullam injuriam neque opprobrium passus est.

---

⁴ 'ejus, Erat,' Harv. 　　　　　　⁵ adhortantis, 'adhortans,' Harv.
⁶ suo, om. Harv.
⁷ passibilis. Apparently to be taken with 'Domini.' The comma after
'Domini' should be removed. 　　　　　　⁸ '*dimitte*,' Harv.
⁹ quasi duorum exsistentium. See note (2) on chapter i.

6. Hoc autem idem et illis occurrit, qui dicunt eum putative passum. Si enim non vere passus est, nulla gratia ei, cum nulla fuerit passio : et nos, cum incipiemus vere pati, seducens videbitur, adhortans nos vapulare, et alteram praebere maxillam, si ipse illud non prior in veritate passus est : et quemadmodum illos seduxit, ut videretur eis ipse hoc quod non erat; et nos seducit, adhortans perferre ea, quae ipse non pertulit. Erimus autem et super magistrum, dum patimur et sustinemus, quae neque passus est neque sustinuit magister. Sed quoniam solus vere magister Dominus noster; et bonus vere Filius Dei, et patiens, Verbum Dei Patris filius hominis factus. Luctatus est enim, et vicit : erat enim homo pro patribus certans, et per obedientiam inobedientiam persolvens : alligavit enim fortem, et solvit infirmos, et salutem donavit plasmati suo, destruens peccatum. Est enim piissimus et misericors Dominus, et amans humanum genus.

7. * * * ἥνωσεν οὖν, καθὼς προέφαμεν, τὸν ἄνθρωπον τῷ Θεῷ. Εἰ γὰρ μὴ ἄνθρωπος ἐνίκησεν τὸν ἀντίπαλον τοῦ ἀνθρώπου, οὐκ ἂν δικαίως ἐνικήθη ὁ ἐχθρός. Πάλιν τε, εἰ μὴ ὁ Θεὸς ἐδωρήσατο τὴν σωτηρίαν, οὐκ ἂν βεβαίως ἔσχομεν αὐτήν. Καὶ εἰ μὴ συνηνώθη ὁ ἄνθρωπος τῷ Θεῷ, οὐκ ἂν ἠδυνήθη μετασχεῖν τῆς ἀφθαρσίας. Ἔδει γὰρ τὸν μεσίτην Θεοῦ τε καὶ ἀνθρώπων, διὰ τῆς ἰδίας πρὸς ἑκατέρους οἰκειότητος, εἰς φιλίαν καὶ ὁμόνοιαν τοὺς ἀμφοτέρους συναγαγεῖν· καὶ Θεῷ μὲν παραστῆσαι τὸν ἄνθρωπον, ἀνθρώποις δὲ γνωρίσαι τὸν Θεόν.

7. Haerere itaque fecit et adunivit, quemadmodum praediximus, hominem Deo. Si enim homo non vicisset inimicum hominis, non juste victus esset inimicus. Rursus autem, nisi Deus donasset salutem, non firmiter haberemus eam. Et nisi homo conjunctus fuisset Deo, non potuisset particeps fieri incorruptibilitatis. Oportuerat enim Mediatorem Dei et hominum, per suam ad utrosque domesticitatem, in amicitiam et concordiam utrosque reducere, et facere, ut et Deus assumeret hominem, et homo se dederet Deô. Qua enim ratione filiorum

adoptionis ejus participes esse possemus, nisi per Filium
eam, quae est ad ipsum, recepissemus ab eo communionem;
nisi Verbum ejus communicasset nobis, caro factum? Quapropter et [10] per omnem venit aetatem, omnibus restituens eam,
quae est ad Deum communionem. Igitur qui dicunt eum
putative manifestatum, neque in carne natum, neque vere
hominem factum, adhuc sub veteri sunt damnatione, advocationem praebentes peccato, non devicta secundum eos morte, quae

Rom. v. 14. *regnavit ab Adam usque ad Moysem, etiam in eos qui non
peccaverunt in similitudinem transgressionis Adae.* Veniens autem Lex, quae data est per Moysem, et testificans de peccato
quoniam peccator est, regnum quidem ejus abstulit, latronem
et non regem eum detegens, et homicidam eum ostendit :
oneravit autem hominem, qui habebat peccatum in se, reum
mortis ostendens eum. Spiritalis enim cum Lex esset, manifestavit tantummodo peccatum, non autem interemit : non enim
Spiritui dominabatur peccatum, sed homini. Oportebat enim
eum qui inciperet occidere peccatum, et mortis reum redimere
hominem, id ipsum fieri quod erat ille, id est, hominem : qui
a peccato quidem in servitium tractus fuerat, a morte vero
tenebatur, ut peccatum ab homine interficeretur, et homo exiret
a morte.

῞Ωσπερ γὰρ διὰ τῆς παρακοῆς τοῦ ἑνὸς ἀνθρώπου, τοῦ
πρώτως ἐκ γῆς ἀνεργάστου πεπλασμένου, ἁμαρτωλοὶ κατε-
στάθησαν οἱ πολλοί, καὶ ἀπέβαλον τὴν ζωήν· οὕτως ἔδει καὶ
δι᾽ ὑπακοῆς ἑνὸς ἀνθρώπου, τοῦ πρώτως ἐκ παρθένου γεγενη-
μένου, δικαιωθῆναι πολλοὺς καὶ ἀπολαβεῖν τὴν σωτηρίαν.

Rom. v. 19. *Quemadmodum enim per inobedientiam unius hominis,* qui
primus de terra rudi plasmatus est, *peccatores facti sunt multi,*
et amiserunt vitam ; ita oportuit et per obedientiam unius
hominis, qui primus [11] de virgine natus est, justificari multos,
et percipere salutem. Sic igitur Verbum Dei homo factus est,

---

[10] per omnem venit aetatem. Cf. II. xxii. : 'Ideo per omnem venit
aetatem, et infantibus infans factus infantes sanctificans,' etc. This passage
should be studied.   [11] de virgine, 'ex,' Harv.

quemadmodum et Moyses ait: *Deus, vera opera ejus.*   Si autem Deut. xxxii.
non factus caro, parebat quasi caro, non erat verum opus ejus. 4·
Quod autem parebat, hoc et erat; Deus hominis antiquam plasmationem in se recapitulans, ut occideret quidem peccatum,
evacuaret autem mortem, et vivificaret hominem: et propter hoc·
vera opera ejus.

CHAPTER XIX.

Christ was not merely a man born of Joseph. Those who hold this opinion
cut off-from themselves all hope of salvation. He is God, and became
Man that we might become the Sons of God. Scriptural proofs adduced.

1. RURSUS autem [1]qui nude tantum hominem eum dicunt ex
Joseph generatum, perseverantes in servitute pristinae inobedientiae moriuntur; nondum commixti Verbo Dei Patris, neque
per Filium percipientes libertatem, quemadmodum ipse ait: *Si* Joan. viii. 36.
Filius vos manumiserit, vere liberi eritis.   Ignorantes autem
eum, qui ex Virgine est Emmanuel, privantur munere ejus, quod
est vita aeterna: non recipientes autem Verbum incorruptionis,
perseverant in carne mortali, et sunt debitores mortis, antido-
tum vitae· non accipientes.   Ad quos Verbum ait, suum munus
gratiae narrans:

Ἐγὼ εἶπα· υἱοὶ ὑψίστου ἐστὲ πάντες καὶ θεοί· ὑμεῖς δὲ ὡς
ἄνθρωποι ἀποθνήσκετε. Ταῦτα λέγει * * * πρὸς τοὺς μὴ
δεξαμένους τὴν δωρεὰν τῆς υἱοθεσίας, ἀλλ' ἀτιμάζοντας τὴν
σάρκωσιν τῆς καθαρᾶς γεννήσεως τοῦ Λόγου τοῦ Θεοῦ, καὶ ἀπο-
στεροῦντας τὸν ἄνθρωπον τῆς εἰς Θεὸν ἀνόδου, καὶ ἀχαριστοῦντας

Ego dixi: Dii estis, et filii Altissimi omnes: vos autem sicut Psal. lxxxii.
homines moriemini.   Ad eos indubitate dicit, qui non percipiunt 6, 7.
munus adoptionis, sed contemnunt incarnationem purae generationis Verbi Dei, fraudantes hominem ab ea ascensione quae est
ad Dominum, et ingrati exsistentes Verbo Dei, qui incarnatus·

---

[1] qui nude tantum.. Against Carpocrates, of whom more is said. supra,
I. xxv, and infra, xxi. 5, etc.

τῷ ὑπὲρ αὐτῶν σαρκωθέντι Λόγῳ τοῦ Θεοῦ. Εἰς τοῦτο γὰρ ὁ Λόγος ἄνθρωπος, * * * ἵνα ὁ ἄνθρωπος τὸν Λόγον χωρήσας, καὶ τὴν υἱοθεσίαν λαβὼν, υἱὸς γένηται Θεοῦ.

est propter ipsos. Propter hoc enim Verbum Dei homo; et qui Filius Dei est, filius hominis factus est, commixtus Verbo Dei, [2]ut adoptionem percipiens fiat filius Dei. Non enim poteramus aliter incorruptelam et immortalitatem percipere, nisi adunati fuissemus incorruptelae et immortalitati. Quemadmodum autem adunari possemus incorruptelae et immortalitati, nisi prius incorruptela et immortalitas facta fuisset id quod et nos; ut absorberetur quod erat corruptibile ab incorruptela, et quod erat mortale, ab immortalitate, ut filiorum adoptionem perciperemus?

Esa. liii. 8.
Jer. xvii. 9.

2. Propter hoc *Generationem ejus quis enarrabit?* quoniam *homo est, et quis agnoscet eum?* Cognoscit autem illum is, cui Pater qui est in coelis revelavit, ut intelligat, quoniam is qui *non ex voluntate carnis, neque ex voluntate viri natus est* filius hominis, hic est Christus Filius Dei vivi. Quoniam enim nemo in totum ex filiis Adae, Deus appellatur secundum eum, aut Dominus nominatur, ex Scripturis [3]demonstravimus. Quoniam autem [4]ipse proprie praeter omnes, qui fuerunt tunc homines, Deus, et Dominus, et Rex aeternus, et Unigenitus, et Verbum incarnatum [5]praedicatur et a Prophetis omnibus, et Apostolis, et ab ipso Spiritu, adest videre omnibus qui vel modicum de veritate attigerint. Haec autem non testificarentur Scripturae de eo, si, similiter ut omnes, homo tantum fuisset. Sed quoniam praeclaram praeter omnes habuit in se eam, quae est ab altissimo Patre, genituram, praeclara autem functus est et ea, quae est ex Virgine, generatione; utraque Scripturae divinae

Esa. liii. 2.
Zach. ix. 9.
Psal. lxix. 21.

de eo testificantur: et quoniam homo indecorus et passibilis, et super pullum asinae sedens, aceto et felle potatur, et spernebatur in populo, et usque ad mortem descendit; et quoniam Dominus sanctus, et mirabilis consiliarius, et decorus specie,

---

[2] 'et,' Harv.   [3] demonstravimus; cf. supra, vi.
[4] 'est ipse,' Harv.   [5] praedicatur, 'praedicatum,' Harv.

et Deus fortis, super nubes veniens universorum judex, omnia de eo Scripturae prophetabant.

3. Ὥσπερ γὰρ ἦν ἄνθρωπος, ἵνα πειρασθῇ, οὕτω καὶ Λόγος, ἵνα δοξασθῇ· ἡσυχάζοντος μὲν τοῦ Λόγου ἐν τῷ πειράζεσθαι * * καὶ σταυροῦσθαι, καὶ ἀποθνήσκειν· συγγινομένου δὲ τῷ ἀνθρώπῳ ἐν τῷ νικᾷν, καὶ ὑπομένειν, καὶ χρηστεύεσθαι, καὶ ἀνίστασθαι, καὶ ἀναλαμβάνεσθαι.

3. Sicut enim homo erat, ut tentaretur; sic et Verbum, ut glorificaretur: requiescente quidem Verbo, ut posset tentari, et inhonorari, et crucifigi, et mori; absorpto autem homine in eo quod vincit, et sustinet, * * * et resurgit, et assumitur. Hic igitur Filius Dei Dominus noster, exsistens Verbum Patris, et filius hominis: quoniam ex Maria, quae ex hominibus habebat genus, quae et ipsa erat homo, habuit secundum hominem generationem, factus est filius hominis. Propter hoc et ipse Dominus dedit nobis signum in profundum, in altitudinem sursum, quod non postulavit homo, quia nec speravit virginem praegnantem fieri posse, quae erat virgo, et parere filium, et hunc partum Deum esse nobiscum, et descendere in ea quae sunt deorsum terrae, quaerentem ovem quae perierat, quod quidem erat proprium ipsius plasma, et ascendere in altitudinem, offerentem et commendantem Patri eum hominem, qui fuerat inventus, primitias resurrectionis hominis in semetipso faciens: ut quemadmodum caput resurrexit a mortuis, sic et reliquum corpus omnis hominis, qui invenitur in vita, impleto tempore condemnationis ejus, quae erat propter inobedientiam, resurgat, per compagines et conjunctiones coalescens, et confirmatum augmento Dei, unoquoque membrorum habente propriam et aptam in corpore positionem. Multae enim mansiones apud Patrem, quoniam et multa membra in corpore.

Esa. vii. 11, 14.

CHAPTER XX.

God has ever been long-suffering, as the history of Jonah shews. Therefore
Man ought to love God, and receive the truth with humility. The way
of salvation pointed out.

1. MAGNANIMUS igitur fuit Deus deficiente homine, eam, quae
per Verbum esset, victoriam reddendam ei praevidens. Cum
enim perficiebatur virtus in infirmitate, benignitatem Dei et
magnificentissimam ostendebat virtutem.   Sicut enim patienter

Jon. ii. 1,
seqq.

sustinuit absorberi Jonam a ceto, non ut absorberetur et in
totum periret, sed ut evomitus magis subjiceretur Deo, et plus
glorificaret eum qui insperabilem salutem ei donasset, et firmam
poenitentiam faceret Ninivitis, ut converterentur ad Dominum,
qui eos liberaret a morte, conterritos ab eo signo, quod factum

Jon. iii. 8, 9.

erat circa Jonam, quemadmodum Scriptura de his dicit : *Et
reversi sunt unusquisque a via sua mala, et injustitia, quae erat in
manibus eorum, dicentes : Quis scit si poenitebit Deus, et avertat
iram suam a nobis, et non peribimus ?* Sic et ab initio fuit
patiens Deus hominem ¹absorberi a magno ceto, qui fuit auctor
praevaricationis, non ut absorptus in totum periret, sed prae-
struens et praeparans adinventionem salutis, quae facta est a
Verbo per signum Jonae, his qui eandem cum Jona de Domino

Jon. i. 9.

sententiam habuerunt, et confessi fuerunt, et dixerunt: *Servus
Domini ego sum, et Dominum Deum coeli ego colo, qui fecit mare
et aridam :* ut insperabilem homo a Deo percipiens salutem,
resurgat a mortuis, et clarificet Deum, et eam quae a Jona

Jon. ii. 2.

prophetata est, dicat vocem : *Clamavi ad Dominum Deum meum
in tribulatione mea, et exaudivit me de ventre inferni ;* et semper
permaneat glorificans Deum, et sine intermissione gratias refe-

1 Cor. i. 29.

rens pro ea salute quam consequutus est ab eo: *ut non glorietur
in conspectu Domini omnis caro,* nec unquam de Deo contrarium
sensum accipiat homo, propriam naturaliter arbitrans eam, quae
circa se esset, incorruptelam, et non tenens veritatem, inani

---

¹ absorberi, 'absorbi,' Harv.

supercilio jactaretur, quasi naturaliter similis esset Deo. Ingra-
tum enim magis eum hoc ei, qui eum fecerat, perficiens, et
dilectionem quam habebat Deus in hominem, obfuscabat, et
excaecabat sensum suum ad non sentiendum, quod sit de Deo
dignum, comparans et aequalem se judicans Deo.

2. Haec ergo fuit magnanimitas Dei, ut per omnia pertran-
siens homo, et morum agnitionem percipiens, dehinc veniens
ad resurrectionem quae est a mortuis, et experimento discens
unde liberatus est, semper gratus exsistat Domino, munus incorruptelae consecutus ab eo, ut plus diligeret eum: (cui enim
plus dimittitur plus diligit:) cognoscat autem semetipsum,
quoniam mortalis et infirmus est; intelligat autem et Deum,
quoniam in tantum immortalis et potens est, uti et mortali
immortalitatem, et temporali aeternitatem donet: intelligat
autem et reliquas virtutes Dei omnes in semetipsum ostensas,
per quas edoctus sentiat de Deo, quantus est Deus. Gloria
enim hominis, Deus; operationes vero Dei, et omnis sapientiae
ejus, et virtutis receptaculum, homo. Quemadmodum medicus
in his, qui aegrotant, probatur; sic et Deus in hominibus mani-
festatur. Quapropter et Paulus ait : *Conclusit autem Deus omnia* Rom. xi. 32.
in incredulitate, ut omnium misereatur; non de spiritalibus Aeonibus dicens hoc, sed de homine qui fuit inobediens Deo, et
projectus de immortalitate, dehinc misericordiam consequutus
est, per Filium Dei eam, quae est per ipsum, percipiens adoptionem. Hic enim tenens sine inflatione et jactantia veram
gloriam de his quae facta sunt, et de eo qui fecit, qui est potentissimus omnium Deus, quique omnibus ut sint praestitit;
et manens in dilectione ejus, et subjectione, et gratiarum actione,
majorem ab eo gloriam [2]percipiet, provectus accipiens, dum
consimilis fiat ejus qui pro eo mortuus est; quoniam et ipse in
[3]similitudinem carnis peccati factus est, uti condemnaret pec- Rom. viii. 3.
catum, et jam quasi condemnatum projiceret illud extra carnem;
provocaret autem in similitudinem suam hominem, imitatorem
eum assignans Deo, et in paternam imponens regulam, ad

---

[2] 'percipiet provectus, accipiens,' Harv.   [3] 'similitudine,' Harv.

vĭdendum Deum ; et [4]capere Patrem donans Verbum Dei quod
habitavit in homine, et Filius hominis factus est, ut assuesceret
hominem percipere Deum, et assuesceret Deum habitare in
homine, secundum placitum Patris.

3. Propter hoc ergo signum salutis nostrae eum, qui ex Virgine [5]Emmanuel, est ipse. Dominus : quoniam ipse Dominus
erat qui salvabat eos, quia per semetipsos non habebant salvari.

Et propter hoc Paulus infirmitatem hominis annuntians, ait :

<table>
<tr><td>Rom. vii. 18.</td><td>*Scio enim quoniam non habitat in carne mea bonum ;* significans,</td></tr>
</table>

quoniam non a nobis, sed a Deo est bonum salutis nostrae.

<table>
<tr><td>Rom. vii. 24.</td><td>Et iterum : *Miser ego homo, quis me liberabit de corpore mortis*</td></tr>
<tr><td>Rom. vii. 25.</td><td>*hujus ?* Deinde infert liberatorem : *Gratia Jesu Christi Domini*</td></tr>
<tr><td>Esa. xxxv.
3, 4.</td><td>*nostri.* Hoc autem et Esaias : *Confortamini,* inquit, *manus*</td></tr>
</table>

*resolutae, et genua debilia : adhortamini, pusillanimes sensu, con-
fortamini, ne timeatis : ecce, Deus noster judicium retribuit, et
retributurus est : ipse veniet, et salvabit nos.* Hoc, quoniam non
a nobis, sed a Dei adjumento habuimus salvari.

4. Rursus, quoniam neque homo tantum erit, qui [6]salvat
nos, neque sine carne, (sine carne enim Angeli sunt ;) prae-

<table>
<tr><td>Esa. lxiii. 9.
LXX.</td><td>dicavit enim, dicens : *Neque senior, neque Angelus, sed ipse*</td></tr>
</table>

*Dominus salvabit eos, quoniam diligit eos, et parcet eis, ipse
liberabit eos.* Et quoniam hic ipse homc verus visibilis incipiet

<table>
<tr><td>Esa. xxxiii.
20.</td><td>esse, cum sit Verbum salutare, rursus Esaias ait ; *Ecce, Sion*</td></tr>
</table>

civitas, salutare nostrum oculi tui videbunt. Et quoniam non
solum homo erat, qui moriebatur pro nobis, [7]Esaias ait : *Et
commemoratus est Dominus sanctus Israel mortuorum suorum,
qui dormierant in terra sepultionis : et descendit ad eos evangelizare salutem quae est ab eo, ut salvaret eos.* Hoc autem idem

<table>
<tr><td>Mich. vii. 19.</td><td>et [8]Amos Propheta ait : *Ipse convertetur, et miserebitur nostri :*</td></tr>
</table>

dissolvet injustitias nostras, et projiciet in altitudinem maris peccata

---

[4] ' capere Patrem donans; Verbum,' Harv.

[5] ' Emmanuel est,' Harv.

[6] salvat, 'salvabit,' Harv.

[7] ' Esaias [Hieremias],' Harv. The same prophecy is ascribed to Jere-
miah ; infr. IV. xxii. 1.

[8] ' Amos [Micheas],' Harv.

nostra. Et rursus significans locum adventus ejus, ait : *Domi-* Joel iii. 16 et Amos i. 2.
nus ex Sion loquutus est, et ex Hierusalem dedit vocem suam.
Et quoniam ex ea parte, quae est secundum Africum haereditatis Judae, veniet Filius Dei, qui Deus est, et qui erat ex Bethleem, ubi natus est Dominus, in omnem terram emittet lauda-
tionem ejus, sicut ait Habacuc Propheta : *Deus ab Africo veniet,* Habac. iii. 3, 4.
et sanctus de monte Effrem. Cooperuit coelum virtus ejus, et
laudatione ejus plena est terra. Ante faciem ejus praeibit Verbum,
et progredientur in campis pedes ejus. Manifeste significans,
quoniam Deus, et quoniam in Bethleem adventus ejus, et ex
monte Effrem, qui est secundum Africum haereditatis, et quoniam homo. *Progredientur enim,* inquit, *in campis pedes ejus :*
hoc autem signum proprium hominis.

CHAPTER XXI.

After vindicating Es. vii. 14 from certain false translators, and stating the
authority of the Septuagint version, the author shews that it had been
foretold by Isaiah, David, and Daniel, that One should be born Who
should be more than man. A Type had foreshadowed this. He then
returns to the subject of Chapter xix. Even if Christ had been naturally
the son of Joseph, He would not, as such, have been the heir of the
Royal line, for Jechonias was to be written 'childless.' The first and
Second Adam compared.

1. Ὁ ΘΕΟΣ οὖν ἄνθρωπος ἐγένετο. καὶ [1] αὐτὸς Κύριος
ἔσωσεν ἡμᾶς, δοὺς τὸ τῆς παρθένου σημεῖον. * * Ἀλλ'
οὐχ ὡς ἔνιοι φασὶ τῶν νῦν μεθερμηνεύειν τολμώντων τὴν
γραφήν· ἰδοὺ ἡ νεᾶνις ἐν γαστρὶ ἕξει, καὶ τέξεται υἱὸν, ὡς

1. DEUS igitur homo factus est, et ipse Dominus [2] salvabit
nos, ipse dans Virginis signum. Non ergo vera est quorundam
interpretatio, qui ita audent interpretari Scripturam : *Ecce*
adolescentula in ventre habebit, et pariet filium ; quemadmodum

---

[1] αὐτὸς ὁ Κύριος, Harv.   [2] salvabit, 'salvavit,' Harv.

Θεοδοτίων ἡρμήνευσεν ὁ Ἐφέσιος, καὶ Ἀκύλας ὁ Ποντικὸς, ἀμφότεροι Ἰουδαῖοι προσήλυτοι· οἷς κατακολουθήσαντες οἱ Ἐβιωναῖοι, ἐξ Ἰωσὴφ αὐτὸν γεγενῆσθαι φάσκουσι·

Theodotion Ephesius est interpretatus, et Aquila Ponticus, utrique Judaei proselyti; quos sectati Ebionei, ex Joseph [3]generatum eum dicunt: tantam dispositionem Dei dissolventes, quantum ad ipsos est; frustrantes Prophetarum testimonium, quod operatus est Deus. Prophetatum est quidem, priusquam in Babylonem fieret populi transmigratio, id est, antequam Medi et Persae acciperent principatum: interpretatum vero in Graeco ab ipsis Judaeis multum ante tempora adventus Domini nostri, ut nulla relinquatur suspicio, ne forte morem nobis gerentes Judaei, haec ita sint interpretati. Qui quidem si cognovissent nos futuros, et usuros his testimoniis quae sunt ex Scripturis, nunquam dubitassent ipsi suas comburere Scripturas, quae et reliquas omnes gentes manifestant participare vitae, et eos qui gloriantur domum se esse Jacob, et populum Israel, et exhaereditatos ostendunt a gratia Dei.

2. Πρὸ γὰρ τοὺς Ῥωμαίους κρατύναι τὴν ἀρχὴν αὐτῶν, ἔτι τῶν Μακεδόνων τὴν Ἀσίαν κατεχόντων, Πτολεμαῖος ὁ Λάγου, φιλοτιμούμενος τὴν ὑπ' αὐτοῦ κατεσκευασμένην βιβλιοθήκην ἐν Ἀλεξανδρείᾳ κοσμῆσαι τοῖς πάντων ἀνθρώπων συγγράμμασιν, ὅσα γε σπουδαῖα ὑπῆρχεν, ᾐτήσατο παρὰ τῶν Ἱεροσολυμιτῶν εἰς τὴν ἑλληνικὴν διάλεκτον σχεῖν αὐτῶν μεταβεβλημένας τὰς γραφάς· οἱ δὲ, (ὑπήκουον γὰρ ἔτι τοῖς Μακεδόσι τότε·) τοὺς παρ' αὐτοῖς ἐμπειροτάτους τῶν γραφῶν καὶ ἀμφοτέρων τῶν

2. Prius enim quam Romani possiderent regnum suum, adhuc Macedonibus Asiam possidentibus, Ptolemaeus Lagi filius, cupiens eam bibliothecam, quae a se fabricata esset in Alexandria, omnium hominum dignis conscriptionibus ornare, petiit ab Hierosolymitis in Graecum sermonem interpretatas habere Scripturas eorum. Illi vero, (obediebant enim tunc adhuc Macedonibus;) eos quos habebant perfectiores Scripturarum

---

[3] 'eum generatum,' Harv.

διαλέκτων, ἑβδομήκοντα πρεσβυτέρους ἔπεμψαν Πτολεμαίῳ, ποιήσαντος τοῦ Θεοῦ ὅπερ ἐβούλετο. ὁ δὲ ἰδίᾳ πεῖραν αὐτῶν λαβεῖν θελήσας, εὐλαβηθείς τε μήτι ἄρα, συνθέμενοι, ἀποκρύψωσι τὴν ἐν ταῖς γραφαῖς διὰ τῆς ἑρμηνείας ἀλήθειαν, χωρίσας αὐτοὺς ἀπ' ἀλλήλων, ἐκέλευσε τοὺς πάντας τὴν αὐτὴν ἑρμηνείαν γράφειν· καὶ τοῦτ' ἐπὶ πάντων τῶν βιβλίων ἐποίησε. συνελθόντων δὲ αὐτῶν ἐπὶ τὸ αὐτὸ παρὰ τῷ Πτολεμαίῳ, καὶ συναντιβαλόντων ἑκάστου τὴν ἑαυτοῦ ἑρμηνείαν, ὁ μὲν Θεὸς ἐδοξάσθη, αἱ δὲ γραφαὶ ὄντως θεῖαι ἐγνώσθησαν, τῶν πάντων τὰ αὐτὰ ταῖς αὐταῖς λέξεσι καὶ τοῖς αὐτοῖς ὀνόμασιν ἀναγορευσάντων ἀπ' ἀρχῆς μέχρι τέλους, ὥστε καὶ τὰ παρόντα ἔθνη, γνῶναι, ὅτι κατ' ἐπίπνοιαν τοῦ Θεοῦ εἰσὶν ἡρμηνευμέναι αἱ γραφαί. καὶ οὐδέν γε θαυμαστὸν, τὸν Θεὸν τοῦτο ἐνηργηκέναι, ὅς γε καὶ ἐν τῇ ἐπὶ Ναβουχοδονόσορ αἰχμαλωσίᾳ τοῦ λαοῦ διαφθαρεισῶν τῶν γραφῶν, καὶ μετὰ ἑβδομήκοντα ἔτη τῶν Ἰουδαίων ἀνελθόντων εἰς τὴν χώραν αὐτῶν, ἔπειτα ἐν τοῖς χρόνοις Ἀρταξέρξου τοῦ Περσῶν βασιλέως, ἐνέπνευσεν Ἔσδρᾳ τῷ ἱερεῖ ἐκ τῆς φυλῆς Λεῦι, τοὺς τῶν προγεγονότων προφητῶν πάντας

intellectores et utriusque loquelae, septuagintá seniores miserunt Ptolemaeo, facturos hoc quod ipse voluisset. Ille autem experimentum eorum sumere volens, et metuens ne forte consentientes, eam veritatem, quae esset in Scripturis, absconderent per interpretationem; separans eos ab invicem, jussit omnes eandem interpretari Scripturam: et hoc in omnibus libris fecit. Convenientibus autem ipsis in unum apud Ptolemaeum, et comparantibus suas interpretationes, Deus glorificatus est, et Scripturae vere divinae creditae sunt, omnibus eadem, et eisdem verbis, et eisdem nominibus, recitantibus ab initio usque ad finem, uti et praesentes Gentes cognoscerent, quoniam per adspirationem Dei interpretatae sunt Scripturae. Et non esse mirabile Deum hoc in eis operatum, quando in ea captivitate populi, quae facta est a Nabuchodonosor, corruptis Scripturis, et post septuaginta annos Judaeis descendentibus in regionem suam, post deinde temporibus Artaxerxis Persarum Regis inspiravit Hesdrae Sacerdoti tribus Levi, praeteritorum Prophetarum omnes

ἀνατάξασθαι λόγους, καὶ ἀποκαταστῆσαι τῷ λαῷ τὴν διὰ Μωσέως
νομοθεσίαν.

rememorare sermones, et restituere populo eam legem, quae
data est per Moysem.

3. Cum tanta igitur veritate et gratia Dei interpretatae sint
Scripturae, ex quibus praeparavit et reformavit Deus fidem nostram, quae in Filium ejus est, et servavit nobis simplices Scripturas in Aegypto, in qua adolevit et domus Jacob, effugiens
famem, quae fuit in Chanaan, in qua et Dominus noster servatus est, effugiens eam persequutionem quae erat ab Herode;
·et haec earum Scripturarum interpretatio priusquam Dominus
noster descenderet, facta sit, et antequam Christiani ostende-
rentur, interpretata sit; (natus est enim Dominus noster circa
.primum et quadragesimum annum Augusti imperii, multo autem vetustior fuit Ptolemaeus, sub quo interpretatae sunt Scripturae;) vere impudorati et audaces ostenduntur, qui nunc volunt
aliter interpretationes facere, quando ex ipsis Scripturis argu-
antur a nobis, et in fidem adventus Filii Dei concludantur.
Firma est autem, et non ficta, et sola vera, quae secundum
nos est fides, manifestam ostensionem habens ex his Scripturis,
quae interpretatae sunt illo modo, quo praediximus; et Ecclesiae annuntiatio sine interpolatione. Etenim Apostoli, cum
sint his omnibus vetustiores, consonant praedictae interpreta-
tioni, et interpretatio consonat Apostolorum traditioni. Etenim
Petrus, et Joannes, et Matthaeus, et Paulus, et reliqui deinceps, et horum [4]sectatores, Prophetica omnia ita annuntiaverunt,
quemadmodum Seniorum interpretatio continet.

4. Unus enim et idem Spiritus Dei, qui in Prophetis quidem
praeconavit, quis et qualis esset adventus Domini, in Senioribus
autem interpretatus est bene quae bene prophetata fuerant;
ipse et in Apostolis annuntiavit plenitudinem temporum adoptionis venisse, et proximasse Regnum coelorum, et inhabitare
intra homines credentes in eum, qui ex Virgine natus est,
Emmanuel, quemadmodum ipsi testificantur, quoniam priusquam convenisset Joseph cum Maria, (manente igitur ea in

---

[4] 'assectatores,' Harv.

virginitate,) *inventa est in utero habens de Spiritu sancto;* et Matt. i. 18.
quoniam dixit ei Gabriel Angelus: *Spiritus sanctus adveniet in* Luc. i. 35.
te, et virtus Altissimi obumbrabit te : quapropter quod nascetur ex
te sanctum, vocabitur Filius Dei ; et quoniam Angelus in somnis
dixit ad Joseph: *Hoc autem factum est, ut adimpleretur quod* Matt. i. 22.
dictum est ab Esaia Propheta ; Ecce virgo in utero concipiet.
Seniores autem sic interpretati sunt dixisse Esaiam. *Et adjecit* Esa. vii. 10,
Dominus loqui ad Achaz : Pete tibi signum a Domino Deo tuo in seqq.
profundum deorsum, aut in altitudinem sursum. Et dixit Achas :
Non [5] *postulabo, nec tentabo Dominum. Et dixit : Non pusillum*
vobis agonem praebere hominibus, et quemadmodum Dominus prae-
stat agonem ? Propter hoc Dominus ipse dabit vobis signum.
Ecce, Virgo in ventre accipiet, et pariet filium, et vocabitis nomen
ejus Emmanuel. Butyrum et mel manducabit : priusquam co-
gnoscat aut eligat mala, commutabit bonum : quoniam priusquam
cognoscat infans bonum vel malum, non consentiet nequitiae, uti
eligat bonum. Diligenter igitur significavit Spiritus sanctus per
ea quae dicta sunt, generationem ejus, quae est ex Virgine, et
substantiam, quoniam Deus : (Emmanuel enim nomen hoc
significat :) et manifestat, quoniam homo, in eo quod dicit :
Butyrum et mel manducabit ; et in eo quod infantem nominat
eum, et, *priusquam cognoscat bonum et malum :* haec enim omnia
signa sunt hominis infantis. Quod autem *non consentiet nequi-*
tiae, ut eligat bonum, proprium hoc est Dei, uti non per hoc
quod manducabit butyrum et mel, nude solummodo eum hominem intelligeremus, neque rursus per nomen Emmanuel, sine
carne eum Deum suspicaremur.

5. Καὶ ἐν τῷ εἰπεῖν· ἀκούσατε δὴ οἶκος Δαβὶδ, σημαίνοντος
ἦν, ὅτι ὃν ἐπηγγείλατο τῷ Δαβὶδ ὁ Θεὸς, ἐκ καρποῦ τῆς κοιλίας
αὐτοῦ αἰώνιον ἀναστήσειν βασιλέα, οὗτός ἐστιν ἐκ τῆς [6] Δαβὶδ
παρθένου γενόμενος.

5. Et in eo quod dicit : *Audite domus David ;* significantis
erat, quoniam quem promisit Deus David, de fructu ventris ejus
aeternum suscitaturum se Regem, hic est qui ex Virgine, quae
fuit de genere David, generatus est. Propter hoc enim et de

---

[5] ' *non petam et non,*' Harv.   [6] ἀπὸ Δαβὶδ, Harv.

Psal. cxxxii.
11.
fructu ventris ejus Regem promisit, quod erat proprium Virginis
praegnantis; et non de fructu lumborum ejus, nec de fructu
renum ejus, quod est proprium viri generantis, et mulieris ex
viro conceptionem facientis. Circumscripsit igitur genitalia viri
in promissione Scriptura : immo vero nec commemoratur,
quoniam non ex voluntate viri erat, qui nascebatur. Statuit
autem et confirmavit fructum ventris, ut generationem ejus, qui
erat futurus ex virgine, pronuntiaret, quemadmodum Elizabeth
Luc. i. 42. ·impleta Spiritu sancto testificata est, dicens ad Mariam : *Bene-
dicta tu inter mulieres, et benedictus fructus ventris tui;* signifi-
cante Spiritu sancto audire volentibus, repromissionem quam
repromisit Deus, de fructu ventris ejus suscitare Regem, impletam esse in Virginis, hoc est, in Mariae °partu. Qui igitur
transmutant id quod apud Esaiam : *Ecce adolescentula in ventre
concipiet;* et Joseph filium eum volunt esse, illud transmutent
quod est repromissionis, quod apud David positum est, ubi
promisit illi Deus, de fructu ventris ejus suscitare cornu, Christi
[7]Regnum. Sed non intellexerunt : caeterum [8]autem hoc quoque
ausi fuissent demutare.

6. Quod autem dixerit Esaias : *In profundum deorsum, vel
in altitudinem sursum;* significantis fuit, quoniam *qui descendebat, ipse erat et qui ascendebat.* In eo autem quod dixerit : *Ipse
Dominus dabit signum;* id quod erat inopinatum generationis
ejus significavit, quod nec factum esset aliter, nisi Deus Dominus, omnium Deus, ipse dedisset signum in domo David.
Quid enim magnum, aut quod signum fieret in eo, quod adolescentula concipiens ex viro peperisset, quod evenit omnibus
quae pariunt mulieribus? Sed quoniam inopinata salus hominibus inciperet fieri, Deo adjuvante, inopinatus et partus
Virginis fiebat, Deo dante signum hoc, sed non homine operante
illud.

Dan. ii. 34. 7. Propter hoc autem et Daniel praevidens ejus adventum,
lapidem sine manibus abscissum advenisse in hunc mundum,
(hoc est enim quod, *sine manibus,*) significabat; quod non ope-
rantibus humanis manibus, hoc est, virorum illorum qui solent

---

[7] 'Regis,' Harv.   [8] 'etiam,' Harv.

lapides caedere, in hunc mundum ejus adventus erat, id est, non operante in eum Joseph, sed sola Maria cooperante dispositioni. Hic enim lapis a terra, ⁹ex virtute et arte constat Dei.   Propter hoc autem et Esaias ait: *Sic dicit Dominus : Ecce, ego mitto in* Esa. xxviii. *fundamenta Sion lapidem pretiosum, electum, summum, angularem,* 16. *honorificum ;* uti non ex voluntate viri, sed ex voluntate Dei, adventum ejus qui secundum hominem est, intelligamus.

8. Propter hoc autem et Moyses ostendens typum, projecit Exod. vii. 9, virgam in terram, ut ea incarnata omnem Aegyptiorum praevari- seqq. cátionem, quae insurgebat adversus Dei dispositionem, argueret et absorberet : et ut ipsi Aegyptii testificarentur, quoniam Exod. viii. 19. digitus est Dei, qui salutem operatur populo, et non ¹⁰Josephi filius.   Si enim Joseph filius esset, quemadmodum plus poterat Matt. xii. 41, quam Salomon, aut plus quam Jonas habere, aut plus esse 42. David, cum esset ex eadem seminatione generatus, et proles Matt.xxii.43. exsistens ipsorum ?   Ut quid autem et beatum dicebat Petrum, Matt. xvi. 17. quod eum cognosceret esse Filium Dei vivi ?

9. Super haec autem nec Rex esse posset, si quidem Joseph filius fuisset ; nec haeres, secundum Hieremiam.   Joseph enim Joacim et Jechoniae filius ostenditur, quemadmodum et Mat- thaeus generationem ejus exponit.   Jechonias autem, et qui ab eo, omnes abdicati sunt a Regno, Hieremia dicente sic : *Vivo* Jer. xxii. 24, *ego, dicit Dominus, si factus fuerit Jechonias filius Joacim, Rex* 25. *Juda, signaculum in manu dextera mea, inde abstraham eum, et tradam eum in manu quaerentium animam tuam.*   Et iterum : *Inhonoratus est Jechonias, quemadmodum vas quod non est opus,* Jer. xxii. 28, *quoniam projectus est in terram, quam non sciebat.   Terra, audi* seqq. *sermonem Domini : scribe virum hunc abdicatum hominem, quo- niam non augebit de semine ejus sedens super thronum David, Princeps in Juda.*   Et iterum Deus ait super Joacim patrem Jer. xxxvi. 30, ejus : *Propter hoc sic dicit Dominus super Joacim patrem ejus,* 31. *Regem Judaeae : Non enim erit ex eo sedens super thronum David, et mortificatum ejus erit projectum in aestu diei, et in glacie noctis, et respiciam super eum, et super filios ejus, et in- feram super eos, et super inhabitantes Hierusalem, super terram*

---

⁹ 'et ex,' Harv.   ¹⁰ 'Joseph,' Harv.

Juda, omnia mala, quae loquutus sum super eos. Qui ergo eum dicunt ex Joseph generatum, et in 'eo habere spem, abdicatos se faciunt a Regno, sub maledictione et increpatione decidentes, quae erga Jechoniam et in semen ejus. Propter hoc enim dicta sunt haec de Jechonia, Spiritu praesciente ea quae a malis doctoribus dicuntur: uti discant, quoniam ex semine ejus, id est, ex Joseph, non erit natus, sed secundum repromissionem Dei de ventre David suscitatur Rex aeternus, qui recapitulatur omnia in se, et antiquam plasmationem in se recapitulatus est.

10. Quia quemadmodum per inobedientiam unius hominis introitum peccatum habuit, et per peccatum mors obtinuit; sic et per obedientiam unius hominis justitia introducta vitam fructificet his, qui ·olim mortui erant, hominibus. Et quemadmo-

Gen. ii. 5.

dum protoplastus ille Adam de rudi terra, et de adhuc virgine, (*nondum enim pluerat Deus, et homo non erat operatus terram;*)

Joan. i. 3.
Gen. ii. 7.

habuit substantiam ; et plasmatus est manu Dei, id est, Verbo Dei, (*omnia enim per ipsum facta sunt ;*) et sumpsit Dominus limum a terra, et plasmavit hominem: ita recapitulans in se Adam, ipse Verbum exsistens ex Maria, quae adhuc erat Virgo, recte accipiebat generationem Adae recapitulationis.

Εἰ τοίνυν ὁ πρῶτος ᾿Αδὰμ ἔσχε πατέρα ἄνθρωπον, καὶ ἐξ ἀνδρὸς σπέρματος ἐγεννήθη, εἰκὸς ἦν καὶ τὸν δεύτερον ᾿Αδὰμ λέγειν ἐξ ᾿Ιωσὴφ γεγενῆσθαι. εἰ δὲ ἐκεῖνος ἐκ γῆς ἐλήφθη, πλάστης δὲ αὐτοῦ ὁ Θεός, ἔδει καὶ τὸν ἀνακεφαλαιούμενον εἰς αὐτὸν, ὑπὸ τοῦ Θεοῦ πεπλασμένον ἄνθρωπον, τὴν αὐτὴν ἐκείνῳ τῆς γεννήσεως ἔχειν ὁμοιότητα. Εἰς τί οὖν πάλιν οὐκ ἔλαβε χοῦν ὁ Θεὸς, ἀλλ᾿ ἐκ Μαρίας ἐνήργησε τὴν πλάσιν γενέσθαι; ἵνα μὴ

Si igitur primus' Adam habuit patrem hominem, et ex semine viri natus est; merito dicerent,· et secundum Adam ex Joseph esse generatum. Si autem ille de terra quidem sumptus est, et Verbo Dei plasmatus est, oportebat id ipsum Verbum recapitulationem Adae in semetipsum faciens, ejusdem generationis habere similitudinem. Quare igitur non iterum sumpsit limum· Deus, sed ex Maria operatus est plasmationem fieri? Ut non

ἄλλη πλάσις γένηται, μηδὲ ἄλλο τὸ ¹¹ σωζόμενον, ἀλλ' αὐτὸς
ἐκεῖνος ἀνακεφαλαιωθῇ, τηρουμένης τῆς ὁμοιότητος.

alia plasmatio fieret, neque alia esset plasmatio quae salvaretur,
sed eadem ipsa recapitularetur, servata similitudine.

CHAPTER XXII.

Christ 'took Man's nature in the womb of the blessed Virgin, of her sub-
 stance,' otherwise He would not have been Man in any sense. The
 Genealogy in St. Luke's Gospel shows that the Word became the New
 Head of our race. Comparison between Eve and the Virgin Mary.

1. "ΑΓΑΝ οὖν πίπτουσι καὶ οἱ λέγοντες, αὐτὸν μηδὲν εἰλη-
φέναι ἐκ τῆς παρθένου, ἵν' ἐκβάλωσι τὴν τῆς σαρκὸς κληρονο-
μίαν, καὶ ἀποβάλωνται τὴν ὁμοιότητα.

1. ¹ ERRANT igitur qui dicunt, eum nihil ex Virgine accepisse,
ut abjiciant carnis haereditatem, abjiciant autem et similitudinem.
Si enim ille quidem de terra, et manu et artificio Dei plasmationem et substantiam habuit, hic autem non manu et artificio Dei;
jam non servavit similitudinem hominis, qui factus est secundum
imaginem ipsius et similitudinem, et inconstans artificium videbitur, non habens circa quod ostendat sapientiam suam. Hoc
autem dicere est, et putative apparuisse ² eum tanquam hominem, cum non esset homo : et factum eum hominem, nihil
assumentem de homine. Si enim non accepit ab homine substantiam carnis, neque homo factus est, neque filius hominis :
et si hoc non factus est, quod nos eramus, non magnum faciebat, quod passus est et sustinuit. Nos autem quoniam corpus
sumus de terra acceptum, et anima accipiens a Deo spiritum,
omnis quicumque confitebitur. Hoc itaque factum est Verbum

---

¹¹ τὸ σωζόμενον ᾖ, Harv.
¹ Errant. The reference is to Saturninus, Valentinus, and others.
² 'eum, et tanquam hominem,' Harv.

Dei, suum plasma in semetipsum recapitulans : et propter hoc
filium hominis se confitetur, et beatificat mites, *quoniam ipsi*

Matt. v. 5.
haereditabunt terram. Et Apostolus autem Paulus in ea epistola,
Gal. 4. 4.
quae est ad Galatas, manifeste ait : *Misit Deus Filium suum,*
Rom. i. 3, 4.
factum de muliere. Et rursus in ea, quae est ad Romanos : *De
Filio autem,* inquit, *ejus, qui factus est ex semine David secundum
carnem, qui praedestinatus est Filius Dei in virtute, secundum
Spiritum sanctificationis, ex resurrectione mortuorum, Jesu Christi
Domini nostri.*

2. Ἐπεὶ περισσὴ καὶ ἡ εἰς τὴν Μαρίαν αὐτοῦ κάθοδος. Τί
γὰρ καὶ εἰς αὐτὴν κατῄει, εἰ μηδὲν ἔμελλε λήψεσθαι παρ' αὐτῆς ;
Ἔτι τε εἰ μηδὲν εἰλήφει παρὰ τῆς Μαρίας, οὐκ αὐτὰς ἀπὸ γῆς
εἰλημμένας προσίετο τροφὰς, δι' ὧν τὸ ἀπὸ γῆς ληφθὲν τρέφεται
σῶμα· οὐδ' ἂν εἰς τεσσαράκοντα ἡμέρας, ὁμοίως ὡς Μωϋσῆς καὶ
Ἠλίας, νηστεύσας ἐπείνησε, τοῦ σώματος ἐπιζητοῦντος τὴν ἰδίαν
τροφήν· οὐδ' ἂν Ἰωάννης ὁ μαθητὴς αὐτοῦ περὶ αὐτοῦ γράφων
εἰρήκει· ὁ δὲ Ἰησοῦς κεκοπιακὼς ἐκ τῆς ὁδοιπορίας, ἐκαθέζετο·
οὐδ' ἂν ὁ Δαβὶδ προαναπεφώνηκει περὶ αὐτοῦ· καὶ ἐπὶ τὸ ἄλγος
τῶν τραυμάτων μου προσέθηκαν· οὐδ' ἂν ἐδάκρυσεν ἐπὶ τοῦ
Λαζάρου· οὐδ' ἂν ἵδρωσε θρόμβους αἵματος· οὐδ' ἂν εἰρήκει, ὅτι
περίλυπός ἐστιν ἡ ψυχή μου· οὐδ' ἂν νυγείσης αὐτοῦ τῆς πλευ-
ρᾶς, ἐξῆλθεν αἷμα καὶ ὕδωρ. Ταῦτα γὰρ πάντα σύμβολα σαρ-

2. Caeterum supervacua est in Mariam descensio ejus. Quid
enim in eam descendebat, si nihil incipiebat sumere ab ea ?
Aut si nihil sumpsisset ex Maria, nunquam eas, quae a terra
erant, percepisset escas, per quas id, quod a terra sumptum
est, nutritur corpus : nec quadraginta diebus, quemadmodum
Moyses et Helias, jejunans esurisset corpus ejus, suam quae-
rens escam : sed nec Joannes discipulus ejus de eo scribens

Joan. iv. 6.
dixisset : *Jesus autem fatigatus in itinere sedebat ;* nec David
Psal. lxix.
26.
praeclamasset in eum : *Et super dolorem vulnerum meorum ap-
posuerunt ;* nec lacrymasset super Lazarum ; nec sudasset
Matt. xxvi.
38.
globos sanguinis ; nec dixisset[3] : *Tristis est anima mea ;* nec
percusso latere exisset sanguis et aqua. Haec enim omnia

---

[3] 'dixisset quod,' Harv.

κὸς, τῆς ἀπὸ γῆς εἰλημμένης, ἣν εἰς αὐτὸν ἀνακεφαλαιώσατο, τὸ
ἴδιον πλάσμα σώζων.

signa carnis, quae a terra sumpta est, quam in se recapitulatus
est, suum plasma salvans.

3. Propter hoc Lucas genealogiam, quae est a generatione Luc. iii. 23,
Domini nostri usque ad Adam, septuaginta duas generationes seqq.
habere ostendit; finem conjungens initio, et significans, quoniam ipse est qui omnes gentes exinde ab Adam dispersas,
et universas linguas, et generationem hominum cum ipso Adam
in semetipso recapitulatus est. Unde et a Paulo *typus futuri* Rom. v. 14.
dictus est ipse Adam: quoniam futuram circa Filium Dei humani
generis dispositionem in semetipsum fabricator omnium Verbum
praeformaverat, [4]praeformante Deo primum animalem hominem,
videlicet ut a spiritali salvaretur. Cum enim praeexsisteret salvans, oportebat et quod salvaretur fieri, uti non vacuum sit
salvans.

4. Consequenter autem et Maria virgo obediens invenitur,
dicens: *Ecce ancilla tua, Domine, fiat mihi secundum verbum* Luc. i. 38.
tuum. Eva vero inobediens: non [5]obedivit enim, adhuc cum
esset virgo. Quemadmodum illa virum quidem habens Adam,
virgo tamen adhuc exsistens, (*erant enim utrique nudi* in Para- Gen. ii. 25.
diso, *et non confundebantur,* quoniam paulo ante facti, non intellectum habebant filiorum generationis; oportebat enim illos
primo adolescere, dehinc sic multiplicari;) inobediens facta, et
sibi, et universo generi humano causa facta est mortis: sic et
Maria habens praedestinatum virum, et tamen virgo, obediens,
et sibi et universo generi humano causa facta est salutis. Et
propter hoc Lex eam, quae desponsata erat viro, licet virgo sit
adhuc, uxorem ejus, qui desponsaverat, vocat; eam quae est a
Maria in Evam recirculationem significans: quia non aliter
quod colligatum est solveretur, nisi ipsae compagines alligationis
reflectantur retrorsus; ut primae conjunctiones solvantur per
secundas, secundae rursus liberent primas. Et evenit primam
quidem compaginem a secunda colligatione solvere, secundam

---

[4] 'praedestinante Deo,' Harv.   [5] 'obaudivit,' Harv.

vero colligationem primae solutionis habere locum. Et propter hoc Dominus dicebat, primos quidem novissimos futuros, et novissimos primos. Et Propheta autem hoc idem significat, dicens: *Pro patribus nati sunt tibi filii.* *Primogenitus* enim *mortuorum* natus Dominus, et in sinum suum recipiens pristinos patres, regeneravit eos in vitam Dei, ipse initium viventium factus, quoniam Adam initium morientium factus est. Propter hoc et Lucas initium generationis a Domino inchoans, in Adam retulit, significans, quoniam non illi hunc, sed hic illos in Evangelium vitae regeneravit. Sic autem et Evae inobedientiae nodus solutionem accepit per obedientiam Mariae. Quod enim alligavit virgo Eva per incredulitatem, hoc virgo Maria solvit per fidem.

Matt. xix. 30, et xx. 16.

Psal. xlv. 16. Coloss. i. 18.

CHAPTER XXIII.

Christ, who came to seek the lost sheep, saved Adam, and the posterity of Adam. God was consistent in saving Adam, for Adam was never accused by Him; the earth and the serpent were accursed for his sake. Cain was accursed because he was reprobate. Adam, on the contrary, showed signs of penitence, therefore God mercifully sent him out of Paradise, lest he should continue living for ever unto sin. God put enmity between the seed of the woman and the seed of the serpent. The first prophecy has been fulfilled by Christ. Therefore Tatian and his followers must not be believed.

1. [1]NECESSE ergo fuit, Dominum ad perditam ovem venientem, et tantae dispositionis recapitulationem facientem, et suum plasma requirentem, illum ipsum hominem salvare, qui factus fuerat secundum imaginem et similitudinem ejus, id est, Adam adimplentem tempora ejus condemnationis, quae facta fuerat propter inobedientiam, *quae Pater posuit in sua potestate:* quoniam et omnis dispositio salutis, quae circa hominem fuit, secundum placitum fiebat Patris, uti non vinceretur Deus, neque infirmaretur ars ejus. Si enim qui factus fuerat a Deo homo,

Act. i. 7.

---

[1] On Tatian see I. xxviii. 1, where he is stated to have found out for himself that Adam was never saved.

ut viveret, hic amittens vitam, ²laesus serpente qui deprava-
verat eum, jam non reverteretur ad vitam, sed in totum projectus
esset morti ; victus esset Deus, et superasset serpentis nequitia
voluntatem Dei. Sed quoniam Deus invictus et magnanimis
est, magnanimem quidem se exhibuit ad correptionem hominis,
et probationem omnium, quemadmodum praediximus; per secundum autem hominem alligavit fortem, et diripuit ejus vasa,
et evacuavit mortem, vivificans eum hominem, qui fuerat morti-
ficatus. Primum enim possessionis ejus vas Adam factus est,
quem et tenebat sub sua potestate, hoc est, praevaricationem
inique inferens ei, et per occasionem immortalitatis, mortifica-
tionem faciens in eum. Etenim promittens futuros eos tamquam
Deos (quod ei non est omnino possibile), mortem fecit in eis :
unde et juste a Deo recaptivatus, qui hominem captivum dux-
erat; solutus est autem condemnationis vinculis, qui captivus
ductus fuerat homo.

2. Hic est autem Adam, si oportet verum dicere, primiformis
ille homo, de quo Scriptura ait dixisse Dominum : *Faciamus* ^{Gen. i. 26.}
hominem ad imaginem et similitudinem nostram ; nos autem
omnes ex ipso : et quoniam sumus ex ipso, propterea quoque
ipsius haereditavimus appellationem. Cum autem ³salvatur
homo, oportet salvari eum qui prior formatus est homo. Quoniam nimis irrationabile est, illum quidem, qui vehementer ab
inimico laesus est, et prior captivitatem passus est, dicere non
eripi ab eo qui vicerit inimicum ; ereptos vero filios ejus, quos
in eadem captivitate generavit. Nec victus quidem adhuc
parebit inimicus, ipsis veteribus spoliis manentibus apud eum.
Quemadmodum si hostes expugnaverint quosdam, et vinctos
duxerint captivos, et multo tempore in servitute possederint eos,
ita ut generent apud eos ; et aliquis dolens pro his qui servi
facti sunt, eosdem hostes expugnet: non tamen juste faciet, si
filios quidem eorum qui captivi ducti sunt, liberet de potestate
eorum, qui in servitutem deduxerant patres eorum ; ipsos vero
qui captivitatem sustinuerunt, subjectos relinquat inimicis, propter

---

² 'laesus a serpente,' Harv.   ³ salvatur, 'salvetur,' Harv.

quos et [4]tuitionem fecit: consecutis libertatem filiis ex causa paternae vindicationis, sed non relictis ipsis patribus, qui ipsam captivitatem sustinuerunt. Neque enim infirmus est Deus, neque injustus, qui opitulatus est homini, et in suam libertatem restauravit eum.

3. Propter hoc et in initio transgressionis Adae, sicut enarrat Scriptura, non ipsum maledixit Adam, sed terram in operibus ejus, quemadmodum ex veteribus quidam ait: ' quoniam ' quidem transtulit Deus maledictum in terram, ut non perse- ' veraret in homine.' Condemnationem autem transgressionis accepit homo taedia et terrenum laborem, et manducare panem in sudore vultus sui, et converti in terram, ex qua assumptus est; similiter autem mulier taedia, et labores, et gemitus, et tristitias partus, et servitium, id est, ut serviret viro suo : ut neque maledicti a Deo in totum perirent, neque sine increpatione perseverantes Deum contemnerent. Omnis autem male-

Gen. iii. 14. dictio decurrit in serpentem, qui seduxerat eos. *Et dixit,* inquit, *Deus serpenti: Quoniam fecisti hoc, maledictus tu ab omnibus pecoribus, et ab omnibus bestiis terrae.* Hoc idem autem et Dominus in Evangelio, his qui a sinistris inveniuntur, ait:

Matt. xxv. 41. *Abite maledicti in ignem aeternum, quem praeparavit Pater meus diabolo et Angelis ejus ;* significans quoniam non homini principaliter praeparatus est aeternus ignis, sed ei qui seduxit, et offendere fecit hominem, et, inquam, qui princeps apostasiae est, principi abscessionis, et his Angelis qui apostatae facti sunt cum eo : quem quidem juste percipient etiam hi qui, similiter ut illi, sine poenitentia et sine regressu in malitiae perseverant operibus.

Gen. iv. 7. 4. Quemadmodum Cain, cum accepisset consilium a Deo, uti quiesceret in eo, quod non recte divisisset eam, quae erga fratrem erat, communicationem, sed cum zelo et malitia suspicatus est posse dominari ejus, non solum non acquievit, sed et adjecit peccatum super peccatum, manifestans sententiam suam per operationem suam. Quod enim cogitavit, hoc et operatus est, dominatus est, et interfecit eum, subjiciente Deo

[4] tuitionem, 'ultionem,' Harv.

justum injusto, ut ille quidem ex iis, quae passus est, justus ostendatur; hic vero per ea, quae commisit, detegeretur injustus. Et ne sic quidem mitigatus est, nec quievit super factum malum; sed interrogatus ubi esset frater ejus? *Nescio,* ^{Gen. iv. 9.} ait: *numquid custos fratris mei sum ego?* extendens et multiplicans malum per responsionem. Etenim si malum est occidere fratrem, multo pejus sic audacter et irreverenter respondere omnia scienti Deo, quasi possit frustrari eum. Propter hoc et ipse maledictionem portavit, quoniam a se peccatum [5]tulit, non reveritus Deum, neque confusus in [6]fratricidio.

5. Circa Adam autem nihil tale factum est, sed omnia in contrarium. Ab altero enim seductus sub occasione immortalitatis, statim timore corripitur, et absconditur: non quasi possit effugere Deum, sed 'confusus, quoniam transgressus praeceptum ejus, indignus est venire in conspectum et colloquium Dei. *Timor* autem *Domini initium intelligentiae;* ^{Psal. cxi. 10, et Prov. i. 7.} intellectus vero transgressionis fecit poenitentiam; poenitentibus autem largitur benignitatem suam Deus. Etenim per succinctorium in facto ostendit suam poenitentiam, foliis ficulneis semetipsum contegens, exsistentibus et aliis foliis multis, quae minus corpus ejus vexare potuissent: condignum tamen inobedientiae amictum fecit, conterritus timore Dei; et retundens petulantem carnis impetum, quoniam indolem et puerilem amiserat sensum, et in cogitationem pejorum venerat, fraenum continentiae sibi et uxori suae circumdedit, timens Deum, et adventum ejus exspectans, et velut tale quid significans: 'Quoniam, inquit, eam, quam habui a Spiritu, sanctitatis stolam amisi per inobedientiam, et nunc cognosco, quod sim dignus tali tegumento, quod delectationem quidem nullam praestat, mordet autem et pungit corpus. Et hoc videlicet semper habuisset indumentum, humilians semetipsum, nisi Dominus, qui est misericors, tunicas pelliceas pro foliis ficulneis induisset eos. Propter hoc autem et interrogat eos, uti ad mulierem veniret accusatio; et illam rursus interrogat, uti ad

---

[5] 'attulit,' Harv.　　　　　　[6] fratricidio, 'parricidio,' Harv.

Gen. iii. 13. serpentem transmitteret causam.   Dixit enim quod fuerat factum: *Serpens, ait, seduxit me, et manducavi.* Serpentem vero non interrogavit; sciebat enim eum principem transgressionis factum : sed maledictum primo immisit in eum, uti secunda [7] increpatio veniret in hominem.   Eum enim odivit Deus, qui seduxit hominem; ei vero qui seductus est, sensim paulatimque misertus est.

6. Quapropter et ejecit eum de Paradiso, et a ligno vitae longe transtulit : non invidens ei lignum vitae, quemadmodum [8]quidam audent dicere, sed miserans ejus, ut non perseveraret semper transgressor; neque immortale esset quod esset circa eum peccatum, et malum interminabile et insanabile.   Prohibuit autem ejus transgressionem, interponens mortem, et cessare faciens peccatum, finem inferens ei per carnis resolutionem, quae fieret in terra : uti cessans aliquando homo vivere peccato, et moriens ei, inciperet vivere Deò.

7. Quapropter inimicitiam posuit inter serpentem et mulierem, et semen ejus, observantes invicem : illo quidem, cui morderetur planta, et potente calcare caput inimici; altero vero mordente, et occidente, et interpediente ingressus hominis, quoadusque venit semen praedestinatum calcare caput ejus, Psal. xci. 13. quod fuit partus Mariae, de quo ait Propheta: *Super aspidem et basiliscum ambulabis, et conculcabis leonem et draconem;* significans quia illud quod erigeretur et dilataretur adversus hominem peccatum, et frigidum reddebat eum, evacuaretur cum regnante morte; et conculcaretur ab eo in novissimis temporibus insiliens humano generi leo, hoc est, Antichristus; et draconem illum, serpentem vetustum, alligans, et subjiciens potestati hominis, qui fuerat victus, ad calcandam omnem ejus virtutem. Victus autem erat Adam, ablata ab eo omni vita : propter hoc 1 Cor. xv. 26. victo rursus inimico recepit vitam Adam; *novissima* autem *inimica evacuatur mors,* quae primum possederat hominem. 2 Cor. xv, 54, seqq. Quapropter liberato homine, *fiet quod scriptum est: Absorpta est mors in victoria; Ubi est mors victoria tua? Ubi est mors aculeus tuus?*   Quod non poterit juste dici, si non ille liberatus

---

[7] 'increpatione,' Harv.   [8] 'audent quidam,' Harv.

fuerit, cui primum dominata est mors. Illius enim salus; evacuatio est mortis. Domino igitur vivificante hominem, id est, Adam, evacuata est et mors.

8. Mentiuntur ergo omnes qui contradicunt ejus saluti, semper seipsos excludentes a vita, in eo quod non credant inventam ovem quae perierat. Si autem illa non est inventa, adhuc possidetur in perditione omnis hominis generatio. Mendax ergo is, qui prior hanc sententiam, immo hanc ignorantiam et caecitatem induxit, Tatianus; connexio quidem factus omnium haereticorum, quemadmodum ostendimus: hoc autem a semetipso adinvenit, uti novum aliquid praeter reliquos inferens, vacuum loquens, vacuos a fide auditores sibi praepararet, affectans magister haberi, tentans et subinde uti hujusmodi a Paulo assidue dictis: Quoniam *in Adam omnes* 1 Cor. xv. 22. *morimur;* ignorans autem, quoniam *ubi abundavit peccatum,* Rom. v. 20. *superabundavit gratia.* Ostenso ergo hoc manifeste, erubescant omnes qui ab eo sunt, et concertant de Adam, quasi magnum aliquid lucrentur, si ille non salvetur, quando magis nihil proficiant; quemadmodum et serpens nihil profecit [9]dissuadens homini, nisi illud quod eum transgressorem ostendit, initium et materiam apostasiae suae habens hominem; Deum autem non [10]vicit. Sic et hi, qui contradicunt saluti Adae, nihil proficiunt, nisi hoc, quod semetipsos haereticos et apostatas faciunt veritatis, et advocatos se serpentis et mortis ostendunt.

CHAPTER XXIV.

Brief summary of the Book. The Church's teaching is uniform and consistent, because she is taught by the Holy Spirit. Those who estrange themselves from the Church reject the Holy Ghost. No marvel, then, that the theories of the Heretics are so extravagant.

1. TRADUCTIS igitur omnibus, qui nefandas inferunt sententias de factore et plasmatore nostro, qui et hunc mundum fabricatus est, super quem alius Deus non est; et ipsis ostensionibus eversis his, qui de substantia Domini nostri, et de

---

[9] 'suadens,' Harv.   [10] 'vidit,' Harv.

dispositione quam fecit propter hominem suum, falsa docent;
praedicationem vero Ecclesiae undiqüe constantem, et aequaliter
perseverantem, et testimonium habentem a Prophetis et ab
Apostolis, et ab omnibus discipulis, quemadmodum ostendimus
per initia, et medietates, et finem, et per universam Dei dispositionem, et eam quae secundum salutem hominis est [1]solitam
operationem, quae est in fide nostra; quam perceptam ab
Ecclesia custodimus, et quae semper a Spiritu Dei, quasi in
vase bono eximium quoddam depositum juvenescens, et ju-
venescere faciens ipsum vas in quo est. Hoc enim Ecclesiae
creditum est Dei munus, quemadmodum [2]ad inspirationem
plasmationi, ad hoc ut omnia membra percipientia vivificentur:
et in eo disposita est communicatio CHRISTI, id est, Spiritus
sanctus, arrha incorruptelae, et confirmatio fidei nostrae, et
1 Cor. xii. 28. scala ascensionis ad Deum. *In Ecclesia enim*, inquit, *posuit
Deus Apostolos, Prophetas, doctores*, et universam reliquam
operationem Spiritus: cujus non sunt participes omnes, qui
non [3]currunt ad Ecclesiam, sed semetipsos fraudant a vita,
per sententiam malam, et operationem pessimam. Ubi enim
Ecclesia, ibi et Spiritus Dei; et ubi Spiritus Dei, illic Ecclesia,
et omnis gratia: Spiritus autem veritas. Quapropter qui non
participant eum, neque a mammillis matris nutriuntur in vitam,
neque percipiunt de corpore CHRISTI procedentem nitidissimum
Jerem. ii. 13. fontem: sed effodiunt sibi lacus detritos de fossis terrenis, et
de caeno putidam bibunt aquam, effugientes fidem Ecclesiae,
ne traducantur, rejicientes vero Spiritum, ut non erudiantur.

2. Alienati vero a veritate, digne in omni volutantur errore,
fluctuati ab eo, aliter atque aliter per tempora de eisdem sentientes, et nunquam [4]sententiam stabilitam habentes; sophistae
verborum magis volentes esse quam discipuli veritatis. Non
enim sunt fundati super unam petram, sed super arenam,
habentem in seipsa lapides multos. Propter hoc et multos
Deos fingunt, et quaerere quidem semper in excusatione ha-

---

[1] 'solidam,' Harv. [2] ad inspirationem, 'aspiratio,' Harv.
[3] 'concurrunt,' Harv. [4] 'scientiam,' Harv.

bent, (caecutiunt enim,) invenire vero nunquam possunt. Blas⸗
phemant enim fabricatorem, hoc est, eum qui est vere Deus,
qui et praestat invenire; putantes se super Deum alterum
invenisse Deum, vel alteram Plenitudinem, vel alteram disposi‑
tionem. Quapropter et lumen, quod est a Deo, non lucet eis,
quoniam inhonoraverunt et spreverunt Deum, minimum arbi‑·
trantes eum, quoniam propter dilectionem suam, et immensam
benignitatem, in agnitionem venit hominibus: (⁵in agnitionem
autem non secundum magnitudinem, nec secundum substan⸗
tiam; nemo enim mensus est eam, nec palpavit; sed secundum
illud, ut sciremus, quoniam qui fecit, et plasmavit, et insuffla‑
tionem vitae insufflavit in eis, et per conditionem nutrit nos,
Verbo suo confirmans, et Sapientia compingens omnia, hic est
qui est solus verus Deus:) eum vero, qui non est, somniantes
super hunc, ut magnum Deum putentur adinvenisse, 'quem
nemo possit cognoscere humano generi communicantem, nec
terrena administrantem: Epicuri videlicet invenientes Deum,
neque sibi, neque aliis aliquid praestantem, id est, nullius provi‑
dentiam habentem.

CHAPTER XXV.

God's providence is admitted by the Gentiles. God, then, must be at once
  just and good, i. e. kind, so that Marcion's hypothesis falls to the ground.
  God is a righteous Judge, and will judge blasphemers as well as profli‑
  gates. Plato is more devout than these Heretics, because he acknow‑
  ledged that Justice attended God. These Heretics, according to their
  own showing, are outside the Pleroma. St. Irenaeus concludes with a
  prayer for the conversion of the Gnostics.

1. PROVIDENTIAM autem habet Deus omnium, propter hoc et
consilium dat: consilium autem dans adest his, qui morum
providentiam habent. Necesse est igitur ea, quae providentur
et gubernantur, cognoscere suum directorem : quae quidem non
sunt ¹irrationabilia, neque vana, sed habent sensibilitatem per‑
ceptam de providentia Dei. Et propter hoc Ethnicorum qui‑
dam, qui minus illecebris ac voluptatibus servierunt, et non in

---

⁵ 'in' omitted by Harv.   ¹ 'irrationalia,' Harv.

tantum superstitione idolorum coabducti sunt, providentia ejus moti, licet tenuiter, tamen conversi sunt, ut dicerent fabricatorem hujus universitatis Patrem omnium providentem, et disponentem secundum nos mundum.

2. Rursus ut increpativum auferrent a Patre et judiciale, ·indignum id Deo putantes, et sine iracundia et bonum arbitrantes se adinvenisse Deum, alterum quidem judicare, et alterum quidem salvare dixerunt; nescientes, utrorumque auferentes sensum et justitiam. Si enim judicialis non et bonus sit, ad donandum quidem his quibus debet, et ad exprobrandum his quibus oportet, neque justus neque sapiens videbitur judex. Rursus bonus, si hoc tantum sit bonus, non et probator, in quos immittat bonitatem, extra justitiam erit et bonitatem; et infirma bonitas ejus videbitur, non omnes salvans, si non cum judicio fiat.

3. Marcion igitur ipse dividens Deum in duo, alterum quidem bonum, et alterum judicialem dicens, ex utrisque interimit Deum. Hic enim qui judicialis, si non et bonus sit, non est Deus, quia Deus non est, cui bonitas desit: et ille rursus qui bonus, si non et judicialis, idem quod hic patietur, ut auferatur ei ne sit Deus. Quemadmodum autem et sapientem dicunt Patrem omnium, si non et judiciale ei assignent? Si enim sapiens, et probator est; probatori autem subest judiciale; judiciale autem assequitur justitia, ut juste probet; justitia provocat judicium; judicium autem, cum fit cum justitia, transmittet ad sapientiam. Sapientia igitur praecellet Pater super omnem humanam et Angelicam sapientiam, quoniam Dominus, et judex, et justus, et dominator super omnes. Est enim et bonus, et misericors, et patiens, et salvat quos oportet; neque bonum ei deficit juste effectum, neque sapientia deminoratur: salvat enim quos debet salvare, et judicat dignos judicio: neque justum immite ostenditur, praeeunte scilicet et praecedente bonitate.

4. Qui igitur solem suum oriri facit omnibus benigne Deus, et pluit super justos et injustos, judicabit eos, qui ex aequo benignitatem ejus percipientes, non similiter secundum digna-

tionem munerationis ejus conversati sunt; sed in deliciis et
luxuriis versati sunt adversus benevolentiam ejus, adhuc et
blasphemantes eum, qui tanta beneficia in eos fecerit.

5. Quibus religiosior Plato ostenditur, qui eundem Deum et
justum, et bonum, confessus est, habentem potestatem omnium,
ipsum facientem judicium, sic dicens:

['Ο. μὲν δὴ Θεὸς, ὥσπερ καὶ ὁ παλαιὸς λόγος, ἀρχήν τε καὶ **De Legg.**
τελευτὴν καὶ μέσα τῶν ὄντων ἁπάντων ἔχων, εὐθείᾳ περαίνει **pp. 715, 716, ed. Stallb.**
κατὰ φύσιν παραπορευόμενος· τῷ δὲ ἀεὶ ξυνέπεται δίκη τῶν
ἀπολειπομένων τοῦ θείου νόμου τιμωρός.]

*Et Deus quidem, quemadmodum et vetus sermo est, initium, et
finem, et medietates omnium quae sunt habens, recte perficit, secundum naturam circumiens: hunc autem semper consequitur justitia
ultrix in eos, qui deficiunt a lege divina.* Et iterum factorem et
fabricatorem hujus universitatis bonum ostendit.

['Αγαθῷ δὲ οὐδεὶς περὶ οὐδενὸς οὐδέποτε ἐγγίγνεται φθόνος.] **Tim. p. 29 E, ed. Stallb.**

Bono autem, inquit, *nulla unquam de quoquam nascitur invidia:*
hoc initium et causam fabricationis mundi constituens bonitatem Dei ; sed non ignorantiam, nec Aeonem qui erravit, nec
labis fructum, nec Matrem plorantem et lamentantem, nec alterum Deum, vel Patrem.

6. Juste autem eos Mater planget, talium excogitatores et
adinventores: digna enim [2] commentati, et commentiti sunt in
capita sua, quoniam Mater ipsorum extra Plenitudinem est, id
est, extra Dei agnitionem, et collectio eorum abortio facta est,
informis et sine specie: nihil enim de veritate apprehendit; in
vacuum et in umbram decidit; vacua enim doctrina ipsorum et
intenebrata: et Horus eam non permisit introire in Pleroma;
non enim recepit eos [3] Spiritus in refrigerium. Pater enim ipsorum ignorantiam generans, mortis passiones in eis operatus est.
Haec non nos diffamamus, sed ipsi confirmant, ipsi docent,
gloriantur in ipsis, altum sentiunt de Matre, quam sine patre

---

[2] 'commentati et,' om. Harv.   [3] Spiritus, i. e. Achamoth.

dicunt genitam, hoc est, sine Deo, foeminam a foemina, quod est ex errantia corruptelam.

7. Nos autem precamur non perseverare eos in fovea, quam ipsi foderunt, sed segregari ab hujusmodi Matre, et exire a Bytho, et absistere a Vacuo, et Umbram derelinquere : et legitime eos generari, conversos ad Ecclesiam Dei, et formari Christum in eis, et cognoscere eos fabricatorem et factorem hujus universitatis, solum verum Deum, et Dominum omnium. Haec precamur de illis, utilius eos diligentes, quam ipsi semetipsos putant diligere. Quae enim est a nobis dilectio, cum sit vera, salutaris est eis, si quidem eam recipiant. Est enim austero medicamini similis, absumens [4]impropriorem ac superfluam vulneris carnem : elationem enim illorum et inflationem evacuat. Quapropter tentantes omni virtute manum porrigere eis, non taedebit nos. [5] Prorogabimus autem super haec, quae dicta sunt, in sequenti libro Domini sermones inferre, si quos ex his per ipsam Christi doctrinam convincentes, suadere possimus cessare ab ejusmodi errore, et absistere ab ea blasphemia, quae est in fabricatorem ipsorum, qui et solus est Deus, et Pater Domini nostri Jesu Christi. Amen.

---

[4] 'improbiorem,' Harv.   [5] prorogabimus, 'prorogavimus,' Harv.

GLOSSARY.

A.

A, ab; used, as in Hebrew, to express comparison: xxiii. 3, 'maledictus tu ab omnibus pecoribus.'

Abstentus = ἀφιστάμενος, iv. 3.

Adest = fas est, πάρεστι or ἔξεστι, iii. 1.

Advocare, ix. 3 = παρακαλεῖν.

Advocatio, xviii. 7 = παράκλησις; advocationem praebere = παρακαλεῖν.

Affectio, xvii. 4 = πάθημα.

Agnitio = γνῶσις, xii. 7; = ἐπίγνωσις, xii. 3.

Allegere, xii. 1, in classical sense.

Allophylus, xii. 15.

Arrha = ἀρραβών, xxiv. 1.

Aspiratio v. l. for inspiratio, xxiv. 1; = ἐπιπνοία, xxi. 2. The same word is used of taking breath while reading, vii. 2.

Assumptio Domini = ἀνάληψις, xii. 5, xvi. 8.

Augeo, in the sense of cresco, xxi. 9.

B.

Bene sentire, vi. 4, xi. 6 = εὐδοκεῖν.

Bravium = βραβεῖον, xvii. 2.

C.

Cataclysmus, iii. 3, xi. 8 = κατακλυσμός.

Circumscribere, xi. 1, xxi. 5 = περιγράφειν; lit. to obliterate, i.e. to put out of the question.

Cohortari, xii. 2 = συμβιβάζειν.

Commentiri, xxv. 6.

Concedo = connumerare, xviii. 5.

Conditio, vi. 1 et passim = κτίσις.

Congregare, iii. 3 = συμβιβάζειν.

Congregatio, iv. 2 = σύναξις.

Consequens est, xi. 8 = εἰκότως.

Consparsus, xvi. 6, = πεφυρμένος, 'most closely united.'

D.

Decernere, xi. 4; 'to affirm.'

Deesse = λείπειν, xii. 7.

Deminorari, xxv. 3.

Descensio = κάθοδος, xxii. 2.

Detritus, xxiv. 1.

Diastema, 'a stop,' vii. 1.

Diligere, iv. 1.

Dimittere, v. l. for remittere, xviii. 5 = ἀφεῖναι.

Discentes, xii. 13, xv. 3, xviii. 4 = μαθηταί.

Dispositio = πραγματεία, xi. 8.

Domesticitas = οἰκειότης, xviii. 7.

E.

Efficabilis, xi. 8 = τὸ ἐμπρακτόν.

Emendate agere, iii. 1 = διορθοῦσθαι.

Evacuatio, xxiii. 1.

Evacuo, xxiii. 7.

Eversor = καταστροφεύς, xii. 5.

Ex ipso = ἐκ τούτου, sc. χρόνου, xv. 1.

Excessus = ἔξοδος, i. 1.

Exhomologesim facere = ἐξομολογεῖσθαι, iv. 3.

I

F.

Fabricator = δημιουργός, x. 4, et passim.
Facere mysterium, v. 1 = explicare mysterium.
Figmentum = πλάσμα, iv. 2.
Fluctuari, xxiv. 2.
Frustrari, xxiii. 4, 'to evade' God.

G.

Generatio = γενεά, xix. 2; = γέννησις, xxi. 10.
Gloria, ix. 3, 'secundum gloriam' = κατὰ δόξαν.

I.

Incomprehensibiliter, xvi. 1.
Inconstans = ἀσύστατον, xxii. 1.
Incorruptela, v. 3.
Increpativum, xxv. 2 = τὸ ἐλεγκτικόν.
Increvit = ἤκμασε, iv. 3.
Infra = inter, xi. 1.
Inimicus = ἀντίπαλος, xviii. 7.
Insonans = ἔναυλος, iii. 3.
Institorium, xv. 2. 'Institor eloquentiae' is used by Quintil. Inst. viii. 3; xi. 1, to mean a man who makes a show of his eloquence. The context here requires some such meaning as 'pomp, 'or' show.'
Instruo, iii. 3 = οἰκοδομεῖν.
Intellector = ἔμπειρος, xxi. 2.
Intenebrata doctrina, xxv. 6.
Interpedire, xxiii. 7.
Interpres = ἑρμηνευτής, i., 1.
Interpretatus = μεταβεβλημένος, xxi. 2.

J.

Jocundari nitide, xiv. 3.
Judicialis, xxv. 2, 3 = κριτικός.
Justificari = δικαιωθῆναι, xviii. 7.

L.

Legalia; ii. 2 = τὰ κατὰ νόμον, 'the things of the Law.'
Lingua = διάλεκτος, i. 1.
Longiloquium, xii. 9.
Loquela = διάλεκτος, xxi. 2.

M.

Magisterium, xiv. 3, 'official teaching.'
Magnanimitas = μακροθυμία, xii. 9.
Manifeste = τρανῶς, xii. 7.
Mortificatum = τὸ θνησιμαῖον, 'carcase,' xxi. 10.
Multo magis = πολλῷ μᾶλλον, viii. 1: supply 'hoc non fecit.'
Multo prius, xiii. 6 = multo minus.
Muneratio, xxv. 4.

N.

Nitide, xiv. 3.

O.

Opus, xxi. 9, 'quod non est opus' = LXX. οὗ οὐκ ἐστὶ χρεία αὐτοῦ.

P.

Parasema = παράσημα, xiv. 1.
Pareo = appareo, xiii. 6, xviii. 7, xxiii. 2.
Participari, iii. 3.
Perfectus, 'complete,' opposed to the mutilated Gospels of the Heretics.
Perfectissimus, ἱκανώτατος, iii. 4.
Personae acceptio = προσωποληψία.
Personae Evangelii = πρόσωπα τῶν εὐαγγελίων, xi. 9.
Plasmatus = πεπλασμένος, xviii. 7.
Plenitudo = pleroma = πλήρωμα passim.
Portentiloquium, iv. 2.
Potentissimus = ἱκανώτατος, iii. 3.
Praeclamasset = προαναπεφωνήκει, xxii. 2.
Praeconare = κηρύσσειν, xii. 3.
Praeconatio = κήρυγμα, xii. 3.
Praedestinans, xxii. 3.
Praedestinatus, xxii. 4.
Praedictus = προωρισμένος, xvii. 4.
Primiformis, xxiii. 2 = πρωτόπλαστος.
Principale = ἡγεμονικόν, xi. 8.
Principalis spiritus = καθολικὸν πνεῦμα, xi. 8.
Productus = προηγμένος, xiv. 1.
Propositum = προαίρεσις, xii. 12.
Prosecutor = παράπομπος, or ἀκόλουθος, xiv. 1.

Glossary.

Protoplastus, xxi. 10.
Providentiam habere alicujus rei, xxv. 1.
Putative = ἐκ δοκήσεως, xviii. 6, cf. xvii. 4.

Q.

Quadriformis = τετράμορφος, xi. 8.

R.

Recapitulare = ἀνακεφαλαιοῦν, xxi. 10.
Recaptivatus = ἀναδούλωθεις, xxiii. 1.
Recirculatio, xxii. 4.
Recitans = ἀναγορεύσας, xxi. 2.
Refrigerium, xv. 2.
Refutare = παραπέμπειν, xiv. 3.
Rememorare = ἀνατάξασθαι, xxi. 2.
Rudis terra = γῆ ἀνέργαστος, xviii. 7.

S.

Sensus = νοῦς, xxv. 2.

Separans = χωρίσας, xxi. 2.
Sibi placentia = αὐταρεσκεία, iii. 2.
Signum = σύμβολον, xxii. 2.
Substantia, xxi. 4, 10, xxii. 1, etc.
Subtililoquium, xiv. 4.
Supervacuus = περισσός, xxii. 2.
Suspicio = ὑπόληψις, v. 1, 2.
Sustinere = ὑπομένειν, xix. 3.

T.

Tradere = ἐγχειρίζειν, iii. 3 = παραδιδόναι, iii. 4.
Traductio praef., etc., 'refutation.'
Traductus = ἐλεγχόμενος, iv. 3.
Transfiguratores, iv. 2, 'those who counterfeit.'
Transgressio, v. 2, 'departure from.'

V.

Victima = σφαγή, xii. 8.
Vivificantes = ἀναζωπυροῦντες, xi. 8.
Vulsio = ἀπόσπασμα, xi. 1.

www.ingramcontent.com/pod-product-compliance
Lightning Source LLC
Chambersburg PA
CBHW071139090426
42736CB00012B/2171

Wipf and Stock Publishers
Eugene, Oregon • www.wipfandstock.com

ISBN-13: 978-1-55635-796-1
ISBN-10: 1-55635-796-6